SIN DRAMAS

NEDRA GLOVER TAWWAB

SIN DRAMAS

Una guía para entender y gestionar las relaciones familiares difíciles

DIANA

Obra editada en colaboración con Editorial Planeta – España

Título original: *Drama Free: A Guide to Managing Unhealthy Family Relationships*

Maquetación: Realización Planeta

Bajo el sello editorial DIANA M.R.
Avenida Presidente Masarik núm. 111,
Piso 2, Polanco V Sección, Miguel Hidalgo
C.P. 11560, Ciudad de México
www.planetadelibros.com.mx

Primera edición impresa en España: noviembre de 2023
ISBN: 978-84-1119-107-4

Primera edición en formato epub en México: febrero de 2024
ISBN: 978-607-39-0932-7

Primera edición impresa en México: febrero de 2024
ISBN: 978-607-39-0899-3

Nota: Este libro debe interpretarse como un volumen de referencia. La información que contiene está pensada para ayudarte a tomar decisiones adecuadas respecto a tu salud y bienestar. Ahora bien, si sospechas que tienes algún problema médico o de otra índole, la autora y la editora te recomiendan que consultes a un profesional.

Impreso en los talleres de Litográfica Ingramex, S.A. de C.V.
Centeno núm. 162-1, colonia Granjas Esmeralda, Ciudad de México
Impreso en México – *Printed in Mexico*

Para todos los que necesitamos aprender a gestionar, o abandonar, las relaciones familiares que nos perjudican: la respuesta está en nosotros, no en las personas a las que no podemos controlar.

ÍNDICE

Tercera parte
Crecer

INTRODUCCIÓN

Las relaciones son uno de los factores que más influyen en la salud mental, y pueden tanto enfermarnos como sanarnos. Afectan al bienestar mental y emocional, ya sea para bien o para mal, y hace mucho que los psicólogos respaldan la idea de que las relaciones sanas pueden prolongar la esperanza de vida, mientras que las disfuncionales pueden contribuir a la aparición de problemas de salud como el cáncer, las enfermedades cardiovasculares, la depresión, la ansiedad y las adicciones. Por lo tanto, es imperativo que nos tomemos en serio la buena salud de nuestras relaciones y que, siempre que sea posible, reforcemos los vínculos. Aunque esto se aplica a todo tipo de relaciones, no las hay más formativas que las que mantenemos con nuestra familia de origen.

Mi primer libro, *Cuestión de límites*, quería hacer entender la importancia de establecer límites en las relaciones. Los límites saludables nos permiten estar en paz incluso aunque la otra persona no cambie. Nos ayudan a afrontar las dificultades y el caos en las relaciones. Y aunque este libro no trata específicamente de establecer límites, sí que se ponen de relieve con frecuencia como una manera de sentirnos mejor en las relaciones familiares.

Las relaciones familiares son, con mucha frecuencia, el principal motivo de consulta de quienes acuden a terapia. Desde el punto de vista del terapeuta, muchas de las dificultades que experimentamos en el matrimonio, con las amistades y en otro tipo de relaciones tienen su origen en la familia. Es posible que haya quien objete que no todo lo que le pasa tiene que ver con su familia. Sin embargo, la realidad es que, con mucha frecuencia, todo comienza en casa.

Una de las preguntas que acostumbramos a hacer los terapeutas es: «¿Quién fue la primera persona que te hizo sentir así?». Normalmente, la respuesta indica que esa experiencia inicial ocurrió en el entorno familiar. La forma de relacionarnos con el mundo acostumbra a ser un reflejo de la forma de relacionarnos con nuestra familia.

Las relaciones familiares son el tipo de relación disfuncional más frecuente. Y si te preguntas por qué, me atrevería a decir que es porque la familia es el espacio en el que pasamos nuestros años formativos, además de una cantidad considerable de tiempo (si no físicamente, al menos sí mentalmente). Las personas con las que convivimos en nuestra infancia son nuestros principales maestros durante muchos años. Sin embargo, ¿qué sucede cuando queremos vivir en este mundo con opiniones, tradiciones o estilos de vida que se alejan de los que imperan en la familia? Esto puede ser causa de tensión y resentimiento.

Lo cierto es que, muy probablemente, en tu infancia no te dejaron ser tú mismo, por lo que de adulto eres cada vez más fiel a tu verdadero yo. Y es muy saludable que averigües quién eres y te distancies de lo que te impusieron o de quién te dijeron que debías ser. Así que, si durante el proceso aparecen fricciones, no te preocupes. En el libro te explicaré cómo puedes ser tú mismo cuando estés con tu familia.

Hay quien afirma que su infancia no influyó en lo más mínimo en la persona que es hoy, pero eso no es cierto. Es imposible quedarse con todas las conductas positivas aprendidas y hacer como si no existieran las que preferiríamos no tener. Llevamos a cuestas esas conductas hasta que decidimos cambiarlas conscientemente.

Las tendencias familiares nos engatusan para que aceptemos ciertas normas sin ser conscientes de ello. Por ejemplo, comprobé que a quienes crecieron en familias monoparentales les cuesta entender las dinámicas padres-hijos cuando hay dos progenitores. Es posible que, si tienen una pareja que los apoya en la crianza de sus hijos, les cueste entender y aceptar la implicación de otro adulto.

Por supuesto, la infancia «perfecta» no existe ni por casualidad. Incluso aunque lo parezca desde fuera, la verdad es que no tenemos ni idea de lo que sucede entre las cuatro paredes de otros hogares. Para algunas personas, las relaciones más complicadas que experimentaremos en nuestra vida son las que mantenemos con la familia. La gente me dice que, más que cualquier otra relación, la que quieren cambiar o mejorar es la que tienen con su familia, sobre todo con sus padres, hermanos u otros miembros de esta, como abuelos, tíos y primos. Otro asunto espinoso son las relaciones que mantenemos con la familia política y con los miembros de familias reconstituidas; por ejemplo, cuando tenemos que aprender a ser padres de hijos que se convirtieron en personas adultas. Por otro lado, las relaciones familiares determinan cómo operamos en las que establecemos más allá de la familia, como las amistades y las relaciones amorosas.

Cuando ofrezco asesoría sobre relaciones, es muy habitual que me pregunten si los consejos también son aplicables a las relaciones familiares. Lo son. Sé que aplicar consejos generales a las relaciones familiares puede ser complicado, ya que con los nuestros tendemos a hacer excepciones que no nos convienen porque... bueno, la familia es la familia. Sin embargo, no deberíamos cometer este error. No permitas que nadie te trate mal, sea quien sea.

Este libro no trata de culpar a otros de lo que sucede en tu vida. Muy al contrario, es una herramienta que te ayudará a desarrollar las habilidades que necesitas para hacer oír tu voz en una familia disfuncional. Puede que dé miedo afrontar lo que presenciamos o soportamos en la familia. Yo misma ignoré o resté importancia a temas familiares para mantener intactas las normas de la familia. Con frecuencia, evitamos ser sinceros acerca de nuestras experiencias familiares porque tememos las conversaciones difíciles que puedan surgir o nos da miedo llegar a la conclusión de que tenemos que dejar la familia atrás. Cortar los vínculos familiares es solo una opción entre muchas otras posibles, y mantener conversaciones difíciles, pero intencionales, puede propiciar cambios positivos.

Te enseñaré a gestionar las relaciones familiares disfuncionales y a cortar con ellas si son imposibles de gestionar. No tienes por qué tolerar las conductas tóxicas de nadie, aunque también es posible que no tengas que eliminar a nadie de tu vida. Dependerá de tu grado de tolerancia y comprensión, así como de la intensidad de la conducta negativa. Cuando hablo de conducta disfuncional, no me refiero tan solo al maltrato o al abandono, sino también a los chismes, a las relaciones tóxicas con los suegros, a que nos traten siempre como a la oveja negra de la familia o a tratar con un familiar que consume drogas.

Así que te daré consejos prácticos para lidiar con problemas comunes y desmenuzaré con precisión temas complejos, para ayudarte a responder a dos preguntas esenciales:

- ¿Cómo puedo mantener relaciones sanas con mi familia si hay algún problema de base?
- ¿Cómo puedo desconectar de los familiares con los que ya no me quiero seguir relacionando?

Ten a la mano un cuaderno o mantén abierta la aplicación de notas porque, a medida que avances en la lectura, te será útil reflexionar, procesar y aplicar a tu vida las experiencias de este libro. Escribir es un proceso catártico y puede ayudarte a ordenar tus pensamientos en profundidad.

En la **primera parte, «Desaprender la disfunción»**, explicaré qué es la disfunción y definiré dinámicas tóxicas habituales, como el trauma, las violaciones de límites, la codependencia, el aglutinamiento y la adicción. Exploraremos por qué tendemos a repetir el caos y a perpetuar patrones no saludables, además del impacto del trauma transgeneracional.

En la **segunda parte, «Sanar»**, profundizaré en las dos opciones que tienes si quieres romper el ciclo: aprender a gestionar mejor la relación con alguien que no cambiará, o poner fin a la relación porque el otro no cambiará. Esta sección ofrece consejos para vivir en lugar de sobrevivir y para tejer una red de apoyo más allá de la familia.

En la **tercera parte, «Crecer»**, aprenderás a resolver problemas en distintos tipos de relaciones familiares: con los progenitores, con los hermanos, con otros familiares, con los hijos adultos, con la familia política y con familias reconstituidas.

Si al leer el libro empiezas a descubrir partes de tu historia que te abruman, acude a un terapeuta para que te ayude a afrontar esas cuestiones. Algunas reacciones son una señal de que se removió algo más profundo, y la terapia te puede servir para explorar esas reacciones más intensas, como el insomnio, revivir experiencias pasadas, pensamientos intrusivos o una tristeza intensa. La terapia es un proceso de apoyo que te puede ayudar a avanzar por los temas del libro, sobre todo si hacerlo en solitario te resulta demasiado abrumador. El libro es una herramienta terapéutica pedagógica y en ningún caso sustituye a la relación con un terapeuta, si la necesitas. Si algo no te encaja, o si no puedes acceder a terapia y tienes una reacción emocional intensa, cierra el libro y vuelve a él cuando te sientas más capaz de procesarlo.

Cada capítulo comienza con una cita y una escena basada vagamente en una interacción con un paciente o con un miembro de mi comunidad de Instagram. A partir de ahí, se ofrecen conceptos y guiones clínicos que concluyen con un ejercicio de preguntas para que reflexiones y apliques a tu vida diaria el material que acabas de leer. Utilizo los términos «padres» y «progenitores» para aludir al padre o madre biológicos, al cuidador principal, a los padres o madres adoptivos, o a cualquier adulto que fuera el principal responsable de cuidarte. Para proteger la identidad de mis pacientes actuales y pasados, cambié tanto los nombres como sus datos personales. Muchas de las historias son un conglomerado de varias, e incluyen detalles de mi vida personal y profesional.

Nuestra cultura influye en cómo entendemos la familia y, en algunas culturas, manifestarse en contra de prácticas familiares disfuncionales o querer algo distinto se puede interpretar como ir en contra de los valores culturales. Los adultos podemos crear nuestras propias identidades, también en lo que a las relaciones familiares se refiere. Puedes cambiar aspectos concretos de la cultura existente en tu familia, como presentarse sin avisar, cuidar de padres mayores al tiempo que se cría a los hijos, o contratar en tu empresa a familiares que no están cualificados para el puesto. Puedes crear tu propia historia sin necesidad de que tu familia cambie su cultura. No quieres ofender a nadie, sino que intentas crear una vida que encaje con lo que deseas.

No hay relación que nos afecte más que la que mantenemos con la familia. Causa heridas profundas y genera expectativas. Tanto si crees que tu familia es claramente disfuncional como si solo quieres resolver alguna dificultad concreta, espero que con este libro aprendas que no estás solo y descubras que puedes decidir qué quieres en tus relaciones con los demás. Puedes decidir cómo quieres vivir tu vida. Créeme: en tu interior tienes todo lo necesario para tomar decisiones difíciles y beneficiosas. Lo sé porque vi a muchas otras personas, yo misma incluida, forjar relaciones sanas.

PRIMERA PARTE

Desaprender la disfunción

CAPÍTULO 1

Qué es la disfunción

Carmen creció en una familia biparental. Lo habitual era que su padre, Bruce, llegara a casa después de trabajar todo el día, se emborrachara y tuviera un ataque de ira. April, la madre de Carmen, pasaba la mayor parte del tiempo en su dormitorio, desconectada de Carmen y de los dos hermanos de esta. April «bebía demasiado», pero la situación no era tan mala como con Bruce.

Cuando April y Bruce discutían, Carmen y sus hermanos ahogaban sus voces subiendo el volumen de la televisión. Carmen pasaba mucho tiempo con sus amigas para evitar estar en casa. Y fue en las casas de sus amigas donde descubrió que lo normal no era que los padres se emborracharan, discutieran constantemente o desatendieran emocionalmente a sus hijos.

A medida que fue creciendo, Carmen aprendió a acudir a otros miembros de su familia en busca de ayuda. Cuando necesitaba que la llevaran o la trajeran de casa de una amiga, llamaba a su abuela. No se podía arriesgar a que sus padres la recogieran borrachos. Cuando necesitaba ropa para ir a la escuela, llamaba a su tía, que estaba encantada de llevarla de compras. Sin embargo, no tenía a nadie con quien hablar de su vida familiar. Sus amigas no tenían esos problemas con sus padres, y sus familiares hacían como que no los veían, a pesar de que intentaban compensarlos.

Carmen se sentía sola y avergonzada. Durante muchos años, creyó que el problema lo tenía ella, porque nadie más parecía preocupado por cómo se comportaban sus padres. Sus hermanos se habían adaptado a esa conducta y el resto de la familia decía cosas como «es que tus padres son así, los tienes que querer tal como son». Y, sí, quería a sus padres, pero su conducta la atormentaba. Y el tormento la acompañó hasta la edad adulta.

La mayoría de las veces, se callaba y aguantaba, pero cuando se plantaba y decía basta, sus familiares la hacían sentir culpable y la acusaban de ser rara y mala persona. Quería que alguien entendiera sus problemas, que validara sus experiencias y le hiciera saber que estaba bien querer algo distinto de su familia.

¿Qué significa tener una familia disfuncional?

Para Carmen significaba tener un padre y una madre adictos, que la desatendían emocionalmente y que, en ocasiones, la maltrataban verbalmente. Una familia disfuncional es una familia en la que el maltrato, el caos y la desatención son la norma aceptada. En las familias disfuncionales, las conductas perjudiciales se pasan por alto, se esconden bajo la alfombra o se atienden. Como en el caso de Carmen, identificar la disfunción puede ser complicado a menos que se tenga acceso a un entorno distinto y saludable. Y aun en este último caso puede ser difícil alejarse de los patrones disfuncionales.

Si creciste en una familia disfuncional, es probable que lo siguiente te pareciera normal:

- Perdonar y olvidar (sin cambios de conducta).
- Seguir como si no hubiera pasado nada.
- Ocultar los problemas ante los demás.
- Negar la existencia de un problema.
- Guardar secretos que habría que compartir.

- Fingir que todo va bien.
- No expresar tus emociones.
- Estar junto a personas que te hacen daño.
- Usar la agresividad para conseguir lo que se quiere.

Si alguien te dice que hay un problema, créelo

Con demasiada frecuencia, la gente se pone a la defensiva o se resiste al cambio en lugar de reconocer que hay un problema y trabajar para solucionarlo. En el caso de Carmen, cada vez que intentaba hablar con sus padres sobre sus conductas nocivas, estos se ponían a la defensiva o la culpaban a ella por querer algo distinto. No había nadie en la familia dispuesto a escuchar las preocupaciones de Carmen, probablemente porque no estaban preparados para afrontar los problemas.

Carmen no estaba sola, pero tampoco había nadie dispuesto a ponerse de su lado. Su experiencia era exactamente la misma que la de los demás, pero ella era la única con la suficiente valentía como para señalar que había un problema. Quería aprender a afrontar los problemas que todo el mundo parecía dispuesto a asumir o ignorar.

Estudio sobre Experiencias Adversas en la Infancia (ACE)

El Estudio sobre Experiencias Adversas en la Infancia (ACE, por sus siglas en inglés) es una herramienta habitual en la evaluación de la severidad del trauma infantil y tiene en cuenta áreas como estas:

- Ser testigo de violencia.
- Abusos sexuales.
- Exposición al abuso de sustancias en el hogar.
- Maltrato físico.

- Maltrato verbal.
- Abandono emocional.
- Progenitor con enfermedad mental.
- Progenitor en prisión.

El trauma infantil afecta a nuestra capacidad para procesar y expresar las emociones y aumenta la probabilidad de que aparezcan estrategias de regulación emocional desadaptativas (por ejemplo, la represión de emociones). En concreto, los niños expuestos a violencia tienen dificultades para distinguir las señales de peligro y seguridad.

La mayoría de las personas reconocen el maltrato o el abandono como elementos disfuncionales en una dinámica familiar. Sin embargo, hay muchos otros factores que afectan a las relaciones familiares. Aunque el trauma se evalúa en una escala de 0 a 10, el trauma infantil puede ser significativo incluso con una puntuación de solo 2. El ACE ni siquiera tiene en cuenta la inseguridad económica, las mudanzas repetidas o el trauma transgeneracional, que se sabe que afectan a la salud mental. Creo que ni la puntuación obtenida en el ACE (la mía es de 7), ni haber experimentado una infancia traumática determinan el futuro. Somos poderosos y podemos tomar decisiones que son difíciles en el momento, pero muy beneficiosas a largo plazo.

Lo que experimentamos durante la infancia nos acompaña hasta que somos adultos porque, una vez activado el trauma, lo más habitual es que el ciclo se perpetúe. Los niños sin hogar tienden a tener puntaciones ACE superiores y más probabilidades de tener problemas de vivienda una vez llegados a la edad adulta.

Otros factores que contribuyen a una infancia disfuncional

- Progenitores abstraídos o ensimismados.
- Progenitores emocionalmente inmaduros.

- Progenitores dominantes.
- Relaciones familiares aglutinadas.
- Relaciones competitivas entre los miembros de la familia.
- Niños que cuidan a sus padres.

(En los capítulos 2 y 3 profundizaremos en estos temas).

The Boys of Baraka es un conmovedor documental sobre un programa con varones jóvenes de color en Baltimore (Maryland, Estados Unidos). Veintiséis menores en situación de riesgo se matricularon en un internado en Kenia para experimentar sus raíces culturales, comunidad, estudios y estructura. Mientras estuvieron fuera, muchos de ellos evidenciaron mejoras académicas, emocionales y sociales. Cuando el programa se quedó sin financiación y los chicos regresaron a casa y a sus respectivos entornos familiares, que no habían cambiado, muchos de ellos sufrieron las consecuencias de crecer en esos entornos de riesgo, como la exposición al abuso de sustancias, la prisión y la repetición de ciclos tóxicos. El entorno en el que vivían limitaba su capacidad para prosperar y, desesperanzados, reanudaron los patrones que les eran conocidos.

A pesar de todo, si contamos con las herramientas adecuadas, podemos curar los traumas infantiles y familiares.

El entorno

Las repercusiones de dónde crecemos, con quién crecemos y qué experimentamos en el hogar reverberan a lo largo de toda nuestra vida e influyen en la persona que llegamos a ser. El trauma ejerce efectos a largo plazo sobre el cuerpo, la mente, las relaciones, la salud económica, y la salud emocional y mental. Los primeros dieciocho años de vida afectan profundamente al resto de nuestros días. En el libro *¿Qué te pasó? Trauma, resiliencia y curación*, de Oprah Winfrey y el doctor Bruce D. Perry, Oprah explica su historia de trauma infantil y cómo la moldearon esas experiencias. Su madre le pegaba a la más mínima y este maltrato la convirtió en una persona que intentaba complacer a todo el mundo. Tardó años en darse cuenta de que su conducta, incluso ya de adulta, hundía sus raíces en lo que había vivido de niña.

Cosas que puedes haber heredado de tu familia

- Habilidades de gestión del dinero.
- Habilidades de comunicación.
- Cómo te unes a los demás.
- Valores.
- Patrones de consumo de sustancias.
- Cómo tratas a tus hijos.
- Cómo gestionas tu salud mental.

La infancia aporta mucha información a los terapeutas para que se puedan hacer una idea de cómo se desarrolló el problema que quieres solucionar de adulto. Una de las cosas que pregunto es: «¿Cuándo fue la primera vez que te sentiste así?», o «¿quién fue la primera persona que te hizo sentir así?». Normalmente, la narrativa remite a la infancia. Cargamos con el peso de los años en que estuvimos más indefensos, como si tuviéramos que seguir así, pero la edad adulta nos da la oportunidad de cambiar la narrativa.

La edad adulta nos da la oportunidad de cambiar la narrativa.

Resiliencia

La resiliencia, o fortaleza emocional, es la capacidad de asimilar lo sucedido. Podemos superar nuestro entorno si contamos con los factores de protección adecuados. Estos son algunos de ellos:

- Vínculos fuertes con adultos que nos den seguridad.
- Influencias de crianza positivas.
- Valores sólidos o propósito definido.
- Capacidad de autorregulación, actitud positiva y recursos interiores.
- Vínculos sociales saludables.
- Apoyo de iguales y mentores.
- Programas estructurados continuos que aumenten la exposición a relaciones sanas.

Aunque se suele decir que somos producto de nuestro entorno, también podemos ser fruto de la exposición a relaciones sanas fuera de casa. Las alternativas saludables que vio Carmen en casa de sus amigas la ayudaron a entender su entorno familiar.

Crecí en Detroit (Míchigan, Estados Unidos), estudié en escuelas públicas y recuerdo haber visto programas destinados a ayudar a niños de la ciudad a superar los problemas que pudieran tener en casa. Cuando estaba en primaria, dejé de tirar cosas al suelo porque un grupo nos enseñó que la basura es perjudicial para el medio ambiente y nos ayudó a limpiar el barrio cerca de la escuela. Aunque los esfuerzos de limpieza duraron poco, el concepto de no tirar basura al suelo se quedó conmigo para siempre.

Quien no me conoce asume que crecí en un hogar biparental y que viví una infancia sin traumas, pero ninguna de las dos cosas es cierta. Sin embargo, sí que entré en contacto con otras maneras de hacer y con relaciones sanas, y siempre tuve la esperanza de que mi vida sería distinta de adulta.

Sé honesto (al menos contigo mismo) acerca de tu infancia

Ser honesto es no traicionar a nadie. Es ser valiente. Deja de edulcorar tus experiencias y permite que la verdad te libere. Con frecuencia, la gente no explica con exactitud sus relaciones y sus experiencias porque teme admitir que son reales. Sin embargo, la negación te impedirá liberarte de tu pasado.

COSAS DIFÍCILES DE ADMITIR ACERCA DE UN FAMILIAR

- Es egoísta y hará lo necesario para conseguir lo que quiere.
- No escucha.
- Cambia, pero durante poco tiempo.
- Es cruel, a veces sin motivo aparente.
- Exige más de lo que da.
- No es perfecto.

MOTIVOS POR LOS QUE NO HABLAMOS DE LOS PROBLEMAS FAMILIARES

Pensamos que los problemas familiares reflejan quiénes somos nosotros

No eres lo que te pasó. Durante la infancia te enfrentaste a muchas cosas que escapaban a tu control. Controlar tu entorno no dependía de ti. Por lo tanto, no te puedes culpar de lo que sucedió en ese entorno. Tus experiencias te hicieron tal como eres, pero de adulto tienes la capacidad de elegir si quieres ser un producto de esas experiencias o dejarlas atrás y crear algo distinto.

No eres lo que te pasó.

Sentimos vergüenza y bochorno

Una de las cosas que te ayuda a superar la vergüenza por haber tenido esa historia familiar es hablar con personas que pasaron por experiencias similares. Sin embargo, la única forma de conectar con quienes vivieron lo mismo que tú es ser honesto. Tendrás que ser lo bastante valiente como para decir la verdad. La vergüenza solo existe cuando ocultas cosas a los demás, y liberar los secretos libera de la vergüenza. Proteger tu intimidad no significa guardar secretos; puedes explicar tanto o tan poco como te resulte cómodo explicar. La privacidad te permite determinar a quién quieres explicar qué. A veces evitamos compartir para proteger a quienes nos hicieron daño. Por lo tanto, quizá estés intentando evitar el bochorno a otros, no solo a ti.

Tratamos de ignorar los problemas

Ignorar problemas familiares importantes tan solo demora la resolución de los patrones perjudiciales. Es imposible recuperarse de algo que «no sucedió». Cuando se hace caso omiso de las conductas perjudiciales, estas persisten porque ni tú ni tu familia están dispuestos a reconocer los ciclos que hay que identificar y romper.

Ignorar problemas familiares importantes tan solo demora la resolución de los patrones perjudiciales.

Creemos que nadie lo entenderá

Es muy probable que haya personas famosas, maestros, amigos, compañeros de trabajo y muchos otros que hayan pasado por situaciones similares con sus familias. Dar por sentado que eres la única persona con esos problemas no es la mejor manera de encontrar gente que te pueda entender. La vulnerabilidad acaba formando una comunidad. Ser auténtico y mostrarte abierto te ayudará a atraer a personas semejantes a ti. A veces, uno encuentra a «su gente» cuando se muestra transparente con su historia.

Tememos los juicios

Habrá gente que no te entienda, al igual que tú no siempre entenderás las historias de los demás. Debes aceptar que habrá personas que no te entenderán. La vida te será mucho más fácil. Es lógico preocuparse por lo que puedan pensar los demás, pero una preocupación excesiva puede mermar tu capacidad para suscitar cambios positivos.

No entendemos lo que sucede

Matrimonio con hijos era una de mis series de televisión preferidas. Al Bundy, el protagonista, es un vendedor de zapatos insatisfecho cuyos mejores años fueron los de la escuela. Está casado con Peg y tienen dos hijos, Bud y Kelly, que observan cómo sus padres se critican mutuamente y, con frecuencia, se quedan solos en casa sin nada que comer. Recuerdo un episodio en el que tienen hambre y registran la cocina en busca de comida. Encuentran una barra de chocolate vieja olvidada detrás del refrigerador y estallan de alegría. La serie es una comedia, y muchas de las dinámicas me parecían graciosísimas; pero, vista en retrospectiva, me doy cuenta de que la serie pone de relieve aspectos como el abandono parental, el maltrato verbal y unas relaciones padres-hijos nada saludables que entonces no sabía conceptualizar.

Cuando no entendemos lo que vemos, solemos quedarnos en relaciones que nos perjudican. Puede parecer normal e inevitable que las personas que nos rodean sufran el mismo destino. Es vital que cambies de punto de vista para entender mejor tu experiencia.

Qué sucede cuando uno despierta al cabo de los años

Mientras sigas respirando, aún tienes tiempo de cambiar de actitud y de conducta. Es habitual pensar que cambiar es más difícil conforme nos hacemos mayores. Nos dicen que «caballo viejo no aprende trote nuevo». ¡Falso! Si tienes la intención de integrar información nueva, puedes cambiar. El refrán debería decir: «caballo que no quiere correr no aprende trote nuevo». Y que estés leyendo este libro demuestra que estás dispuesto a buscar y a integrar información nueva.

A veces, los problemas son evidentes, pero, a causa del adoctrinamiento de valores y creencias familiares, puedes tardar tiempo en percibir la disfunción en tu familia. Sin embargo, como Carmen, puedes observar a terceros y empezar a identificar las diferencias con tu hogar.

En mi caso, al volver del colegio solía ver *El show de Oprah Winfrey*. Tras ver de nuevo episodios antiguos, me di cuenta de que esos temas no eran adecuados para mi edad, pero tenía una necesidad imperiosa de oír hablar de ellos. En el programa de Oprah tenían cabida el maltrato, el abandono, los regalos, las entrevistas a famosos y casi cualquier otra cuestión imaginable, y me dio las palabras que necesitaba para verbalizar cosas que sucedían en mi vida y en la de otros. Si escuchamos con la atención suficiente, muchas de las cosas que vemos y leemos nos dicen algo sobre nuestra propia experiencia. Los medios de comunicación son una de las maneras de aprender a conectar lo que vemos con nuestra situación personal.

Sin embargo, nunca es demasiado tarde para reprogramar el cerebro. Siempre estamos aprendiendo algo nuevo, así que puedes tomar la decisión de integrar ideas nuevas. A lo largo del libro te enseñaré cómo puedes cambiarte a ti mismo para cambiar tu vida y tus relaciones. Eres una parte esencial de todas las relaciones que mantienes. Por lo tanto, tu actitud, tu conducta y tus expectativas pueden ser lo que, en muchas ocasiones, cambie la dinámica de una relación, incluso si la otra parte no cambia.

Lo leerás una y otra vez a lo largo del libro: «*no podemos cambiar a los demás*». Si pudiera elegir un superpoder, sería la capacidad de cambiar a los demás. Pero ninguno de nosotros posee esa capacidad. Y, sin embargo, es lo primero que intentamos siempre que tenemos problemas en alguna relación. Una vez hayas leído el libro, sabrás que basta con que cambies tú.

Basta con que cambies tú.

Comenzar de cero

En *La Sirenita* hay una escena en la que Ariel usa un tenedor a modo de peine. Nunca vio un peine antes, por lo que carece de un marco de referencia para ese objeto. Cuando partimos de un marco de referencia disfuncional, adoptar una pauta más saludable suele requerir comenzar de cero. Vi a padres sorprendidísimos al constatar lo difícil que es romper ciclos disfuncionales con sus hijos. En este caso, los padres disponen de varias opciones:

- Enojarse con sus hijos por ser poco razonables y demasiado dependientes.
- Enojarse con sus padres por no haber sido más pacientes con ellos.
- Aprender estrategias para educar mejor y gestionar el estrés.

Todas ellas son opciones válidas. Uno se puede enojar y, al mismo tiempo, desarrollar habilidades de crianza y gestionar el estrés asociado a la educación de los hijos. No pasa nada por ponerse nervioso o triste, o incluso enojarse por el pasado a medida que avanzamos en la vida. Si te fijas, no dije «superar el pasado», sino que insistí en la idea de avanzar.

Habrá momentos en los que te alteres al revivir el pasado, pero no te quedes atascado ahí. Recuerda que vives en el presente y que el pasado solo se puede revivir en la imaginación. No se puede volver a vivir de verdad y no se puede deshacer. Así que invierte la mayor parte de tu energía en aplicar cambios que te afecten positivamente en el presente y en el futuro. Revive el pasado, pero no te quedes allí.

Revive el pasado, pero no te quedes allí.

Solemos hacer lo que conocemos en lugar de aprender algo nuevo

«Es que soy así», es lo que suele decir la gente que no está preparada o dispuesta a cambiar. Sin embargo, siempre tenemos la opción de ser distintos de como somos. La primera clave es la conciencia, y después estar dispuestos a dar el primer paso para hacer algo de otra manera. No tenemos por qué tropezar dos veces con la misma piedra.

La mayor parte de lo que aplicamos en las relaciones adultas es lo que aprendimos inconscientemente al observar las relaciones de nuestras familias de origen o las de nuestros semejantes. Muy pocos de nosotros recurrimos a datos científicos para determinar qué funciona y qué no. Por lo general, repetimos lo que vimos. Aprendemos a relacionarnos con el mundo que nos rodea mediante el modelado. Si vemos a nuestros padres gritarse durante una discusión, es lógico que los gritos sean una de las estrategias a las que acudimos automáticamente.

Por el contrario, hay quien opta por evitar totalmente los conflictos por temor a los gritos, sin darse cuenta de que hay muchas otras maneras de responder cuando surge alguno. He oído a muchas personas decir que detestan discutir porque crecieron viendo a sus padres insultarse mutuamente. Crecer con ejemplos negativos nos lleva a creer que, si abrimos la boca durante una discusión, gritaremos o seremos crueles.

Podemos elegir

Lo más probable es que, antes de que llegaras a ser adulto, tus cuidadores controlaran tus relaciones con familiares, amigos, compañeros, etc. Una vez llegamos a la edad adulta (cuando somos capaces de cuidar de nosotros mismos y ser independientes de nuestros padres, normalmente entre los dieciocho y los veintitrés años), podemos decidir cómo queremos vivir nuestras relaciones con los demás y con quién queremos estar. Y aunque haya quien no esté de acuerdo con alguna relación que mantengamos con alguien, solo nos pueden dar su opinión. A nosotros nos corresponderá gestionar el malestar por el *feedback* recibido, pero nadie puede gestionar por nosotros las relaciones que mantenemos de adultos.

La decisión siempre es tuya. Puedes aprender cosas que nunca te enseñaron de niño, puedes decidir responder de otras maneras y puedes ser tú mismo. Tu superpoder es tu capacidad de decidir cómo deseas estar en el mundo.

CÓMO AFECTAN LOS PROBLEMAS EN LA INFANCIA A LAS RELACIONES ADULTAS

Las relaciones familiares pueden marcar el patrón de cómo nos mostramos en otras relaciones. Las relaciones con la familia de origen pueden dar lugar a los siguientes problemas:

Ansiedad

Si en tu familia era habitual estar ansioso por las conductas de otros, en las relaciones que tengas fuera de tu entorno familiar la conducta de los demás te generará ansiedad.

Síndrome del impostor

Si te decían o te daban a entender que no eras suficiente, llevarás el mensaje de «no soy suficiente» allá donde vayas.

Dificultades para comunicar necesidades y emociones

Si sufriste burlas, desprecios o castigos por haber expresado una necesidad o simplemente por manifestar una emoción, trasladarás esta programación a otras relaciones.

Autosabotaje

Si permaneces en un ciclo de disfunción, es posible que tu sensación de falta de valía te lleve a sabotear inconscientemente tus intentos de conseguir cosas buenas o relaciones sanas.

Problemas para confiar en los demás

Si las personas que se supone que te quieren incondicionalmente quiebran tu confianza, puede que te sea difícil creer que otras personas te puedan querer, estar presentes para ti o cuidarte.

Dificultades con el compromiso

La evitación es una estrategia de afrontamiento que usamos para sentirnos seguros. Si tuviste relaciones familiares disfuncionales, es lógico que temas entablar y cuidar relaciones con terceros.

Las relaciones afectan a tu salud mental

Los problemas de salud mental pueden ser contagiosos y estresantes. Si crecimos en una casa en la que algún miembro sufría depresión, es probable que nosotros también la acabemos desarrollando, no necesariamente porque sea genética, sino porque es lo que observamos. Los progenitores deprimidos se relacionan con sus hijos de otra manera y moldean su actitud física y emocional. Esto, a su vez, conlleva que los hijos desarrollen algunas de las características que manifestaban sus padres.

Lo mismo sucede con la ansiedad. Muchos adultos acaban sintiendo ansiedad al observar a adultos con ansiedad y criarse con ellos. Aprendemos y practicamos lo que vemos. A los niños se les da muy bien leer las señales emocionales de los adultos. Oí a adultos decir que sabían si su padre estaba borracho o no con solo mirar cómo se quitaba el abrigo. Los niños leen el campo emocional de manera instintiva.

Sin embargo, sentir que tenemos que adivinar las emociones de los demás es estresante, porque nos mantiene en un estado de alerta constante. Cuando somos adultos, esta conducta de leer señales emocionales se puede convertir en desconfianza hacia los demás, en falta de vulnerabilidad o en el hábito de proteger a otros.

Desconfiar de los demás

Si no hay confianza, la relación jamás podrá ser sana. Una parte integral de una relación sana es creer que el otro cumplirá su compromiso contigo. La única manera de aprender a confiar es dejar entrar a esa otra persona en nuestro mundo y esperar que esté a la altura. Da miedo creer que alguien puede estar ahí para nosotros cuando nuestros cuidadores principales traicionaron nuestra confianza. Sin embargo, te aseguro que es posible aprender a confiar. Pero primero debes aprender a confiar en tu capacidad para elegir a personas sanas.

Evitar la vulnerabilidad

Es lógico que te quieras proteger. Sin embargo, es imposible protegerse del desengaño, y solo podemos intentar anticiparlo o evitarlo. Aunque tiene sentido que intentemos controlar el impacto del desengaño, si mantenemos relaciones sanas, el otro no se aprovechará de nosotros. Por lo tanto, si aprendemos a elegir a personas sanas, podremos bajar las defensas.

Proteger a los demás

Preocuparse por otras personas puede parecer una manera de protegerlos, pero es estresante para ti y, en realidad, ayuda poco. No podemos proteger a otros del daño que se hacen a sí mismos. No los podemos vigilar constantemente y vivir nuestra vida al mismo tiempo.

EJERCICIO

Busca un cuaderno o un papel y responde a las siguientes preguntas:

- ¿Qué patrones familiares disfuncionales trasladaste a tus relaciones adultas?
- ¿Cuándo te sentiste incapaz de lograr que algo cambiara en tu familia?
- ¿Con quién te sientes cómodo hablando de tu infancia y por qué te sientes cómodo con esa persona?

CAPÍTULO 2

Traspaso de límites, codependencia y aglutinamiento

«Las gemelas», así es como todo el mundo las veía aún, a pesar de que ya tenían treinta y dos años. La gente seguía pensando que eran una misma persona e incluso ellas mismas tenían dificultades para distinguir entre los pensamientos de la una y de la otra. La más joven de las dos, Briana, estaba a punto de casarse y su novio, Thomas, se quejaba de que tenía la sensación de estar a la sombra de Chelsea, la gemela de su prometida. Siempre que había que tomar alguna decisión, Briana consultaba a Chelsea primero. A Thomas le preocupaba cómo iba a ser su matrimonio si Briana no podía decidir nada sin preguntar antes a su hermana.

Chelsea solo era cinco minutos mayor, pero llevaba las riendas y su principal prioridad era cuidar de su hermana pequeña. Aunque algunas veces Briana se quejaba de que Chelsea se entrometía demasiado en su vida, al final siempre acababa haciendo las cosas a la manera de su hermana. A Chelsea le caía bien su futuro cuñado, pero se había dado cuenta de que, desde que Briana y Thomas se habían comprometido, su gemela se mostraba más distante. Sus dos llamadas diarias, sus múltiples mensajes de texto a lo largo del día y la cita de hermanas de los jueves se habían convertido en hablar una vez al día, o día sí y día no, mensajes de texto esporádicos y ver «nuestros programas» de los jueves con Thomas, en lugar de las dos solas como antes. Chelsea veía que las cosas estaban cambiando. Por su parte, Briana parecía más feliz que nunca.

Chelsea vino a terapia después de haber hablado con su hermana del distanciamiento que percibía entre las dos. Había sido la primera vez en toda su relación que Briana no había cambiado de opinión y no había hecho lo que «la jefa» le pedía. Chelsea acusaba a Thomas de ser controlador y de intentar dañar la relación. Durante nuestro trabajo juntas, Chelsea exploró los límites y, en concreto, por qué son esenciales a la hora de establecer roles saludables en las relaciones.

Límites (mi palabra preferida)

Los límites son expectativas y necesidades que nos ayudan a sentirnos cómodos y seguros en nuestras relaciones, y los comunicamos tanto verbalmente como a través de nuestra conducta. La codependencia y el aglutinamiento son los principales problemas asociados a los límites en las familias disfuncionales. Habrá situaciones en las que te sientas más cómodo estableciendo límites conductuales, mientras que, en otras, quizá prefieras verbalizarlos.

Briana había establecido los siguientes límites conductuales:

- Hablar con su hermana con menos frecuencia.
- Enviar menos mensajes de texto.
- Reducir las reuniones en persona.
- No estar siempre disponible para satisfacer las necesidades de su hermana.

A Briana, establecer límites conductuales le había resultado más manejable, o menos agresivo. De haber formulado límites verbales, podrían haber sonado así: «Thomas y yo estamos construyendo una vida juntos y estamos decidiendo cómo queremos que sea. Quizá verás que estoy menos disponible». O, «estoy a punto de adquirir un gran compromiso y quiero centrar toda mi atención en construir un vínculo sólido con Thomas. Es posible que eso signifique que tú y yo no hablemos tanto a diario». O, «quiero ser una persona adulta más autónoma. Por eso, verás que cada vez tomo más decisiones por mi cuenta».

Cualquiera de estas frases podría ofender a Chelsea, sencillamente porque suponen una amenaza para la relación que quiere mantener con Briana. Pero Chelsea, para variar, también podría respetar la necesidad de autonomía y el deseo de trabajar la relación con Thomas que expresa Briana y encontrar otras maneras de ayudarla.

¿Qué sucede al establecer límites en una familia disfuncional?

En las familias disfuncionales, los límites suponen una amenaza para el ecosistema de disfunción. Los cambios, como marcar límites nuevos, son una forma de cuestionar los sistemas disfuncionales.

Desaprobación

«No soy yo, eres tú» o, dicho de otro modo: «Quien lo está haciendo mal eres tú, por querer cambiar. Todo iba bien hasta que viniste con tus ideas acerca de cambiar el *statu quo*».

El cambio es un elemento saludable en las relaciones. Nadie permanece inmutable o, al menos, permanecer inmutable no beneficia a nadie. En el paso de la infancia a la edad adulta nos convertimos en personas distintas. No es raro que nos sintamos cada vez más cómodos explorando lo que hace tiempo que queremos cambiar cuando encontramos ayuda para hacerlo. El cambio se manifiesta en las amistades, en el ámbito social, en el trabajo y en las relaciones amorosas.

Briana parecía feliz construyendo sus relaciones y disfrutando de cosas distintas y, aunque Chelsea no estaba acostumbrada a esta faceta de su hermana, eso no significaba que Thomas fuera la causa del cambio. Quizá solo le había ofrecido un espacio seguro en el cual ser algo distinto de lo que su hermana conocía.

Vergüenza

«Eres muy mala persona».

La vergüenza es un ataque contra tu persona y apunta al corazón de tus emociones. Las familias disfuncionales usan la vergüenza como una táctica de control. Lo normal es que los padres establezcan una norma y, cuando los hijos no la respetan, el mensaje es que «eres terrible» o «eres malo».

La vergüenza da paso a la culpa y la culpa lleva al cumplimiento de las normas. Hacer que alguien parezca mala persona por querer algo distinto es una forma de intentar controlarlo. Es saludable querer que los demás valoren nuestra opinión, pero es tóxico estar en desacuerdo con alguien y atacarlo como persona.

Resistencia

«Te oigo, pero no me importa».

La resistencia consiste en desoír por completo la petición del otro y en adoptar una conducta pasivo-agresiva o cuestionar la petición.

La resistencia puede adoptar distintas formas:

- Seguir haciendo lo que se ha hecho siempre.
- Presionar al otro para que cambie de opinión.
- Intimidar al otro para intentar que cambie.

Resentimiento

«Estoy triste porque quieres algo distinto».

Cuando se unen la tristeza, el miedo, el amor propio herido y la decepción, se transforman en resentimiento. Este resentimiento subyacente es peligroso en las relaciones porque puede aflorar cuando menos lo esperamos. Si Chelsea y Briana no resuelven su problema, lo más probable es que en su relación sigan teniendo dificultades con los límites.

Codependencia

En una relación adulta sana, no somos responsables del otro. Asumir la responsabilidad de gestionar la vida, el estado de ánimo, los límites y las emociones del otro es codependencia. En una relación adulta disfuncional, la codependencia se puede manifestar sintiéndote con derecho a acceder a la vida del otro y a decirle cómo debe manejar en su propia vida.

Necesitar a otros es saludable, pero amalgamarnos con ellos y perdernos a nosotros mismos por el camino es una demostración de codependencia. Asumir la responsabilidad de rescatarlos de problemas que ellos mismos causaron (y sin que nos lo pidan) es ser codependiente. Perder de vista nuestras necesidades en favor de las del otro es ser codependiente. Sentirnos cerca el uno del otro es saludable, pero confundir quiénes somos y qué sentimos con lo que es y siente el otro, no.

Ejemplos de codependencia

- Tu hermano pierde su trabajo y, sin que te lo pida, empiezas a pagarle la renta, porque sabes que necesita ayuda.
- Tu madre abusa de los analgésicos y, como no quieres que se los compre a cualquiera, le das los tuyos.
- Tu prima te llama para hablarte de su relación de pareja y, en lugar de escucharla, le ofreces soluciones y un lugar donde dormir.

Cuando existe codependencia, damos por sentado que el otro necesita nuestra ayuda. A veces es posible que en el pasado realmente necesitara ayuda, pero a partir de ahí, el patrón de ayuda fue constante.

Recuerdo que cuando yo era codependiente:

- Excusaba a los demás.
- Les resolvía los problemas a los demás.
- Intentaba resolver los problemas ajenos.
- Me desatendía a mí misma para ocuparme de los demás.
- Me preocupaba por los problemas de los demás como si fueran míos.
- Intentaba convencer, persuadir u obligar a otros a que cambiaran.
- Me frustraba cuando la gente no cambiaba.
- Ayudaba a los demás cuando no me correspondía a mí.
- Me desahogaba con la gente acerca de los problemas de otros.
- Me esforzaba más que la otra persona para encontrar soluciones a sus problemas.
- Minimizaba el impacto que los demás tenían sobre mí, porque no quería hacerles daño.

Es muy fácil caer en el hábito de cuidar de personas que son perfectamente capaces de cuidar de sí mismas. A veces, la persona a la que queremos ayudar no quiere cambiar. Y con cada decisión, tenemos la opción de darle espacio para que se autogestione o para gestionar las cosas por ella. Podemos gestionar la codependencia enseñando al otro a cuidar de sí mismo, dándole espacio para que desarrolle más autonomía y gestionando las expectativas acerca de la ayuda que le podemos ofrecer. Si alguien tiene un problema de adicción a sustancias, pasa por problemas económicos o se pone trabas, nos puede parecer que la única solución es tomar las riendas de su vida. Pero no es así.

Enseñar al otro a cuidar de sí mismo

Una seguidora de Instagram me preguntó: «¿Cómo puedo superar la necesidad de ayudar a mis hermanos? Me genera resentimiento, pero estoy acostumbrada a ocupar el rol de cuidadora. Ahora que somos adultos, sigo actuando como si fuera la madre en lugar de la hermana».

Es posible que, de niña, esta persona viviera en un hogar donde los adultos no proporcionaban los cuidados necesarios, por lo que asumió el papel de cuidadora. Sin embargo, ¿sigue siendo necesario mantener ese nivel de cuidados? Como adultos, tenemos que convertirnos en el hermano o la hermana con el que se puede contar, pero que no se ocupa de todo.

Si alguien carece de las herramientas necesarias, enséñale a hacer lo que sea en lugar de hacerlo tú. Muchas veces asumimos que la mejor manera de ayudar a alguien es hacer algo por él o ella; pero, al final, enseñarle a cuidar de sí mismo es la mejor manera de ayudarlo a largo plazo. Cuando arrebatamos al otro la capacidad de cuidar de sí mismo, nos obligamos a tener que ayudarlo durante toda su vida. Una verdad difícil: hay personas (entre las cuales también hay gente a la que queremos) que no tienen la menor intención de cuidar de sí mismas de maneras saludables o que carecen de la voluntad para hacerlo.

Ayudar demasiado tiene un costo. Estar ahí para los demás y no estar presente en nuestra propia vida es estresante y perjudica a nuestra salud mental.

Permitir que el otro evolucione

Las personas no son como eran. Todos vamos cambiando ligeramente a medida que crecemos. Somos testigos de cómo se van transformando los miembros de nuestra familia. Sin embargo, en ocasiones somos nosotros quienes no cambiamos la imagen que tenemos de ellos y los vemos como eran en lugar de como son.

Durante un tiempo, fui la nieta más joven de entre más de siete primos hermanos. Muchos de ellos me veían (o me ven) como «la bebé». En muchos aspectos, está muy bien, porque mis primos tienen muchísimos recuerdos agradables de mí cuando era bebé y de mi primera infancia. Al crecer, oí una y otra vez: «No puedo creer que mi bebé esté a punto de casarse», o «no puedo creer que mi bebé se vaya a mudar a otro estado». Ese tipo de comentarios son aceptables, pero ¿qué sucede cuando la gente oye comentarios del tipo «no estás preparada para casarte» o «no deberías alejarte de la familia»? A veces, las historias que otros se cuentan acerca de nosotros nos impiden emprender la vida que queremos.

Crecemos y aprendemos a funcionar en el mundo desde el mismo instante en que nacemos. Los demás pueden madurar y superar la imagen que tenemos de ellos, pero lo más saludable que podemos hacer es madurar junto a ellos. Limitar el crecimiento del otro haciendo que se sienta culpable para evitar que cambie lleva a que cambie en secreto o sin apoyo y cariño.

Gestionar las expectativas

¿Dónde están tus límites? Sabes cómo puedes ayudar al otro y también sabes cuánto te puede costar prestar esa ayuda. Antes de prestarte a ayudar, reflexiona a conciencia acerca de tus límites y recuerda que hay muchas maneras de estar ahí para los demás. Haz una lista con todas las maneras en que puedes prestar tu apoyo sin tener que hacer cosas por los demás. Por otro lado, haz la pregunta mágica: «¿Cómo te puedo ayudar?». Quizá la otra persona tenga en mente otra forma de ayuda. Acostúmbrate a preguntar antes de hacer.

Puedes decirte lo siguiente: «Puedo escuchar a las personas sin asumir que necesitan mi ayuda. No me corresponde a mí resolver problemas que pueden resolver por sí solas. Si alguien quiere mi ayuda, esperaré a que me la pida. Cuando me lo pidan, ayudaré de forma que no interfiera en absoluto en cómo me cuido».

Prueba estas afirmaciones cuando te des cuenta de que tienes problemas de codependencia.

- «Estoy aprendiendo a decir que no».
- «Estoy dispuesto/a a permitir que los demás cuiden de sí mismos».
- «Me estoy desapegando de los demás».
- «Estoy estableciendo límites».
- «Estoy dejando de implicarme demasiado en los problemas ajenos».
- «Estoy descubriendo que los demás pueden gestionar su propia vida».
- «Estoy dispuesto/a a dar un paso atrás y dejar que las cosas pasen como tengan que pasar».
- «Merezco cuidar de mí mismo».
- «Soy responsable de mí mismo».

Aglutinamiento

El aglutinamiento sucede cuando no hay separación entre uno mismo y los demás. Tener la misma opinión acerca de todo, compartir la existencia y tener muy pocos límites son los elementos básicos del aglutinamiento.

En las familias disfuncionales, el aglutinamiento permite que todo siga igual y que, si alguien cuestiona el *statu quo*, esa persona pase a ser la oveja negra de la familia, un rebelde y una amenaza. Una familia es un sistema cultural. A veces, cuando alguien intenta crear tradiciones nuevas, cambiar roles o establecer límites, el sistema se siente atacado.

Una familia es un sistema cultural.

Chelsea interpretaba el deseo de Briana de desarrollar una identidad independiente como una amenaza para la dinámica de la relación entre ellas. Chelsea era la hermana mayor y controlaba la relación, pero sentía que perdía poder a medida que Briana cambiaba. Tenía que aprender a sentirse cómoda con los cambios que el deseo de autonomía de su gemela provocaba en la relación.

Ejemplos de aglutinamiento

- Un hijo adulto criado en un hogar cristiano decide convertirse al islam. Todos los miembros de la familia le dan la espalda.
- Un hermano decide asistir a una universidad en otro estado y la familia lo critica por no haber elegido una más cercana.
- Una hija se va a casar y su madre toma las riendas de la planificación de la boda sin tener en cuenta los deseos de la novia.

Es habitual que las personas que desean ser más autónomas en las relaciones familiares adultas se sientan muy culpables por ir en contra del sistema cultural.

A continuación, encontrarás algunos recordatorios para los adultos que sientan estas emociones encontradas:

Puedes querer a tu familia y, a la vez, estar molesto por lo que hicieron o no hicieron.

Las dos cosas pueden ser ciertas. La mayoría de las relaciones son complejas. Cuando nos abrimos a que es posible sentir varias emociones a la vez, nos resulta más fácil reconocer los aspectos positivos y negativos de las relaciones.

Puedes querer a tus padres y estar molesto por cómo te educaron.

Con frecuencia, las personas a las que queremos hacen cosas que nos irritan o nos decepcionan. Amar a alguien es estar dispuesto a que nos decepcione.

Está bien establecer límites en la familia.

Los límites son una parte saludable de todas las relaciones. Define tus límites y tus expectativas con tus amigos, pareja, compañeros de trabajo y jefes, redes sociales, familiares y otras áreas que afecten a tu salud mental.

Ser asertivo no es ser maleducado.

En una encuesta de Instagram pregunté: «¿Cuándo te acusaron de ser maleducado?». Estas son algunas de las respuestas:

«Me dijeron que era una desconsiderada porque no quise ir de compras con alguien».

«Me pidieron dinero y dije que no, porque no lo tenía».

«Mi amiga me pidió mi opinión y fui sincera».

La mala educación, o la desconsideración, es cuando se dan conductas que son deliberadamente saboteadoras. Por ejemplo, si vemos que alguien quiere entrar detrás de nosotros y le cerramos la puerta en las narices, eso es ser maleducado.

A veces llamamos «mala educación» a lo que en realidad es ser sincero, comunicar un límite, rechazar una petición, pensar de otra manera o ser asertivo.

No eres un traidor ni te crees superior por tener opiniones distintas a las de tu familia de origen.

Es posible que, en el intento de avergonzarte o de controlar tu conducta, los demás te etiqueten negativamente para que te sientas mal y cambies de postura.

Que los demás estén en desacuerdo contigo no significa que estés equivocado.

No es necesario que demuestres que tienes razón. Sé que es duro que no te entiendan, pero tienes que aceptar que siempre habrá alguien que no lo haga. Asume que hay personas (incluso aquellas a las que quieres) que están en desacuerdo contigo.

Si quieres relaciones sanas, debes controlar lo que esté en tus manos, pero nunca decidir por los demás o definir cómo deben vivir su vida. Por mucho que quieras a alguien y que creas que sabes qué le conviene, no puedes controlar a esa persona.

La autonomía es una parte saludable de las relaciones. Permitir que los demás sean como son es una manera maravillosa de ayudarlos. Saber que puedes elegir cómo ayudar a los demás te libera para desarrollar tus propias ideas acerca de qué es posible en tus relaciones.

EJERCICIO

Busca un cuaderno o un papel y responde a las siguientes preguntas:

- ¿Cómo se manifiestan la codependencia o el aglutinamiento en tus relaciones familiares?
- ¿Qué sucede en tu familia cuando alguien intenta ir en contra de lo que se considera normal?
- ¿Hay alguien en tu familia que comparta tu opinión sobre la disfunción?

CAPÍTULO 3

Adicción, abandono y maltrato

Ellen, una madre soltera con tres hijos, recordaba a su hijo Anthony como un niño inteligente, afectuoso y lleno de vida. Era el mediano y el que siempre había reclamado más atención. Hacia los once años, justo después de que Ellen y su esposo se divorciaran, Anthony empezó a portarse mal. Se enfrentaba a ella, faltaba a la escuela, sacaba malas calificaciones y se peleaba con sus hermanos. Por el contrario, con su padre se comportaba como un verdadero ángel, a pesar de que después del divorcio no lo veía casi nunca.

A los dieciséis años, Anthony abusaba de algunos fármacos bajo receta médica. Ellen se culpaba de la situación, porque sentía que debía haber pedido ayuda para él después del divorcio. Sin embargo, en aquella época se había visto sometida a mucho estrés y había hecho lo que había podido para gestionar su propia salud mental mientras criaba sola a sus hijos.

Allyson y Justin, los otros dos hijos de Ellen, se convirtieron en adultos de provecho, mientras que Anthony siguió teniendo dificultades. Allyson y Justin se quejaban de que su madre apenas celebraba sus éxitos y siempre se ocupaba de Anthony. La mayoría de sus experiencias con su hermano habían sido negativas, por lo que no querían saber nada de él. Anthony mentía, provocaba peleas, les había robado cuando eran adolescentes y, sobre todo, causaba muchísimo estrés a su madre.

Ellen ayudaba con frecuencia a Anthony con la renta y lo llamaba constantemente para intentar resolverle los problemas. Pero no estaba tan presente para Allyson y Justin, porque sentía que no la necesitaban. Soñaba con jubilarse después de veinticinco años en su trabajo, pero no estaba segura de poder vivir como había planificado, por todo el dinero que gastaba en Anthony.

El padre de Anthony, por su parte, no era de demasiada ayuda. Decía que sus hijos ya eran adultos y no asumía la menor responsabilidad por cómo el divorcio podía haber afectado a Anthony.

Ellen creía que era la responsable de Anthony, porque si no lo cuidaba ella, nadie lo haría. Su mayor temor era que acabara en la cárcel o viviendo en la calle por su adicción a las drogas. Por lo tanto, intentaba protegerlo de lo que le parecía un futuro inevitable si no lo ayudaba. No entendía por qué Allyson y Justin se quejaban tanto de su estima y tampoco alcanzaba a entender por qué nadie más se preocupaba lo suficiente para ayudarla. Intentar salvar a un hijo estaba perjudicando a su relación consigo misma y con sus otros dos hijos.

No podemos salvar a nadie de sí mismo

La sensación de culpa puede llevar a los padres a hacer más de lo que es razonable o apropiado. Se dicen a sí mismos «si hubiera hecho ___, esto no habría pasado», o «si no hubiera hecho ___, esto no habría pasado». Lo cierto es que predecir el futuro es imposible, y tampoco podemos cambiar el pasado. Aunque Ellen no tiene manera de saber con certeza qué le pasó exactamente a Anthony durante la infancia, asume que ella es la causa principal del malestar psicológico de su hijo. Por lo tanto, cree que también tiene la responsabilidad de solucionar el problema. Sin embargo, no puede salvarlo. Solo puede ofrecerle apoyo para tratar de resolver su adicción.

Aunque ver a un familiar caer en la adicción es terriblemente doloroso, aceptar que no podemos obligar a nadie a dejar de consumir es muy liberador. Solo podemos «querer» que deje de consumir. Con frecuencia, cuando en una familia hay problemas de adicción, todo el clan se ve afectado. Por ello, se suele decir que la adicción es una enfermedad familiar.

Ellen lloraba la pérdida de su niño y, por eso, no lo podía tratar como a un hombre adulto y capaz de conseguir ayuda por sí mismo. Minimizaba la gravedad de su adicción y le ofrecía recursos para que pudiera funcionar sin tener que experimentar nunca las consecuencias de sus actos. Quizá no era necesario que Anthony tocara fondo, pero sí que necesitaba ver las consecuencias de la drogadicción en su vida.

Definir la «adicción»

La adicción se define como la incapacidad de dejar de consumir drogas o alcohol, de jugar a juegos de azar, de comprar, etc., a pesar de que se desee parar. Si alguien no puede abandonar una conducta que tiene consecuencias negativas para su vida, sus relaciones o su salud mental, o no puede vivir con normalidad sin esa conducta en cuestión, es posible que se trate de una adicción. Aunque las investigaciones siguen aportando nuevos datos acerca del abuso de sustancias, se acepta de manera generalizada que la adicción a drogas, alcohol, juegos de azar o compras puede tener que ver con el funcionamiento del cerebro. Según un estudio de la Asociación Canadiense de Neurociencias, «la disfunción de regiones cerebrales que asignan valor a distintas opciones podría llevar a elegir conductas perjudiciales». El estudio concluyó que la adicción es consecuencia de patrones disfuncionales en la toma de decisiones.

Cuando se trata de alcohol o de drogas, se suelen usar los términos «abuso de sustancias», «consumo problemático de alcohol o de drogas», o «consumo excesivo de sustancias» en lugar de «adicción». El estigma asociado al alcoholismo y a la adicción llevó a que la gente con problemas de abuso de sustancias se identifique más con el término de «consumo excesivo de sustancias». En el libro uso términos distintos en función de lo que esté describiendo.

LOS PROBLEMAS CON EL ALCOHOL Y LAS DROGAS EN LAS FAMILIAS PUEDEN ADOPTAR DISTINTAS FORMAS:

Incapacidad para atender las tareas domésticas o cuidar a los niños

Ejemplo: Tabitha cuidaba de sí misma por las tardes, porque su madre empezaba a beber cuando volvía de trabajar.

Consecuencias en la rutina diaria familiar

Ejemplo: Tabitha iba a la escuela con una amiga de la misma calle, porque a su madre le habían quitado la licencia de manejo por manejar ebria.

Relaciones tóxicas

Ejemplo: La madre de Tabitha encadenaba relaciones de pareja tóxicas y, cuando se emborrachaba, discutía con sus parejas, quienes se acababan hartando y yendo.

Consecuencias físicas constantes

Ejemplo: Tabitha despertaba a su madre entre semana para que fuera a trabajar porque, como tenía resaca, no oía la alarma.

Agotamiento de los recursos económicos

Ejemplo: Les cortaban la luz y el agua con frecuencia. A los diez años, Tabitha estaba impaciente por cumplir quince y poder empezar a trabajar para contribuir a pagar las facturas.

Problemas de salud mental y emocional

Ejemplo: Tabitha sufría ansiedad cuando su madre no estaba en casa, porque le preocupaba que pudiera tener problemas o estar en peligro.

Los niños que conviven con personas que consumen alcohol o drogas en exceso suelen experimentar índices más altos de:

- Dificultades académicas.
- Dificultades en las relaciones íntimas adultas.
- Problemas de salud mental (sobre todo ansiedad y depresión).
- Dificultad para reconocer y comunicar sus emociones.
- Secretismo, vergüenza y desconfianza.

Las consecuencias para los hijos suelen ser peores cuando ambos progenitores beben demasiado que si solo uno de ellos abusa del alcohol. Sienten los efectos del alcohol sobre sus dos adultos de referencia y se quedan sin ninguno que pueda satisfacer sus necesidades.

Problemas relacionales habituales en adultos con padres adictos a sustancias:

- Cuestionar el consumo de alcohol o sustancias incluso cuando son normales.
- Confianza.
- Dependencia.
- Control.
- Expresión de las emociones.
- Expresión de las necesidades.

La ludopatía en la familia se puede manifestar de distintas maneras:

Usar los ahorros de la familia para apostar

Ejemplo: Isaac contaba con un fondo de estudios para pagar la universidad. Cuando llegó el momento de elegir facultad, descubrió que su padre se había gastado todos los ahorros.

Mentiras acerca de tener la conducta controlada

Ejemplo: El padre de Isaac nunca admitió tener un problema con el juego a pesar de que, con frecuencia, pasaba horas y horas en un casino cercano.

Poner en peligro la seguridad de la familia a causa de las deudas

Ejemplo: Tras dilapidar la mayoría de los ahorros de la familia, el padre de Isaac empezó a pedir dinero a prestamistas.

La adicción a las compras en la familia se puede manifestar de distintas formas:

Usar las compras para afrontar el estrés o problemas importantes

Ejemplo: Cuando su madre murió, Sharon empezó a darse caprichos cada vez más caros. Casi nunca se ponía la ropa que compraba, pero comprar la distraía del dolor que sentía.

Vivir por encima de los ingresos económicos

Ejemplo: Sharon demoraba el pago de unas facturas para poder pagar otras.

Gastar en exceso para anestesiar la sensación de culpa por los problemas económicos

Ejemplo: Cuando se dio cuenta de que no podía pagar las deudas, Sharon se sintió tan culpable que se fue de compras otra vez, para evadirse del problema.

Incapacidad para controlar los gastos

Ejemplo: La pareja de Sharon se quejó de que ella le tuviera que pedir dinero para pagar las deudas de su tarjeta de crédito cuando él ya pagaba la mayoría de los gastos de la casa.

¿Y qué hay de otras adicciones?

¿Existe la adicción al celular? Sí.

¿Existe la adicción al sexo? Sí.

¿Existe la adicción a la cafeína? Sí.

Es posible hacer un mal uso de cualquier cosa y que acabe afectando negativamente a nuestra vida diaria. Sin embargo, no todo lo que hacemos con regularidad tiene que ser necesariamente una adicción. Por ejemplo, que alguien se tome una copa a diario no significa necesariamente que abuse del alcohol. La frecuencia no siempre determina la existencia de una adicción. Recuerda que esta se basa en la incapacidad para cambiar de hábitos, sobre todo cuando estos tienen consecuencias negativas. No todos los vicios son problemáticos. Es esencial que sepamos cómo afecta una conducta dada a nuestra vida y a nuestras relaciones, y si somos capaces de cambiarla en caso de que tenga consecuencias negativas.

Conductas de los familiares que abusan de sustancias

Todos los miembros de la familia que conocimos al principio del capítulo se veían afectados por el abuso en el consumo de sustancias de Anthony. Estos son algunos de los problemas con los que se pueden encontrar los miembros de una familia cuando la adicción entra en casa.

Ponerse a la defensiva

Nos ponemos a la defensiva cuando nos encontramos ante un problema que no sabemos gestionar. Es posible que cambiemos de tema o demos excusas sin sentido: «No estaba conduciendo borracho. Me quedé dormido al volante en un semáforo». Esta actitud hace que sea muy difícil razonar con una persona cuyo único objetivo es evitar la responsabilidad.

Negación

La persona que consume las sustancias puede negar la existencia del problema, pero el resto de la familia también puede estar en un estado de negación. Cuando no nos queremos enfrentar a algo, negar su existencia nos ofrece un consuelo pasajero. Sin embargo, si otros miembros de la familia ponen el problema sobre la mesa, el conflicto será inevitable, porque es muy frustrante ver que se niega la existencia del problema a pesar de las evidencias, como que alguien haya sido despedido por su consumo de sustancias. La negación es un mecanismo de afrontamiento negativo que permite mantener los sistemas disfuncionales en lugar de cambiarlos.

Culpar a otros

Cuando culpamos a otros de lo que nos pasa, no asumimos la responsabilidad de lo que sucede en nuestra vida. Por supuesto, lo que nos pasa nos afecta, pero siempre podemos decidir cómo respondemos ante lo que nos sucede.

Cuando alguien se pone a la defensiva, culpa a los demás o niega el problema, puede decir cosas como:

- «Me entendiste mal».
- «Tú también lo haces».
- «Eres demasiado sensible».
- «¿Por qué siempre te tienes que quejar de algo?».
- «Sí, lo hice. Pero ellos también, y con ellos no te enojaste».
- «Esa no era mi intención».
- «No te enojes, no es para tanto».
- «Estás exagerando».

Inmadurez emocional

La edad cronológica y la emocional no siempre coinciden. A veces, hay individuos que se hacen mayores, pero no maduran ni adquieren sabiduría por el camino. Las personas con problemas de abuso de sustancias no funcionan de la misma manera que otras no adictas en su mismo grupo de edad. Y es posible que no maduren ni siquiera si consiguen permanecer sobrias. Oí lo siguiente de boca de hijos de padres adictos: «¿Por qué no pueden ser responsables? ¡Son adultos, deberían ser más conscientes!». Vi que les resulta útil tener en cuenta la edad conductual de sus padres u otros cuidadores, en lugar de la biológica. Un padre o una madre puede tener sesenta y cinco años de edad, pero la capacidad emocional de un niño de doce.

Egocentrismo

El daño duele aunque no sea intencionado. A pesar de que los problemas de otro con el consumo de sustancias no tienen que ver con nosotros, pueden ejercer un impacto negativo en nuestra vida. El consumo excesivo de sustancias suele llevar a que las personas se centren más en sí mismas que en las necesidades de quienes las rodean. Y esta tendencia acostumbra a persistir incluso cuando están sobrias. Como llevan tanto tiempo siendo el centro de su propio mundo, tienen que aprender a tener en cuenta a los demás.

El daño duele aunque no sea intencionado.

Manipulación

A veces, las personas con problemas de abuso de sustancias manipulan a los demás para satisfacer sus propias necesidades. Una de las tácticas más habituales es hacer sentir culpable al otro, así como retirar el afecto hasta que no consiguen lo que quieren. Dicen cosas como «no tengo a nadie más a quien pedírselo», «necesito dinero para que no me corten la luz», o «vendré a comer si me ayudas a pagar la renta».

Abandono emocional

El abandono emocional es la falta de suficientes cuidados emocionales, afecto y atención, y es muy perjudicial, a pesar de que, con frecuencia, no es deliberado. Que nos ignoren nos afecta tanto como que nos maltraten deliberadamente. Es una forma habitual de trauma infantil, sobre todo en hogares en los que se registra un consumo excesivo de sustancias, o existe maltrato físico. Como se trata de heridas invisibles, son muchas las personas que sufren las consecuencias de la desatención, pero no entienden el origen de su dolor.

Maneras en que los progenitores abandonan emocionalmente a sus hijos (a cualquier edad)

No estar presentes cuando es importante que lo estén

Los niños necesitan adultos que los guíen. En caso contrario, se guiarán solos o con la ayuda de iguales que, quizá, también carezcan de los conocimientos suficientes. Por ejemplo, a Kellie le llegó la menstruación por primera vez mientras estaba en clase, en la escuela. Nadie le había hablado nunca de qué esperar o qué hacer al respecto. Así que, cuando vio la sangre, pensó que se había hecho daño sin darse cuenta. La escuela llamó a su madre, quien se limitó a traerle tampones sin explicarle nada ni preguntarle cómo se encontraba.

Esperar que los hijos sean versiones en miniatura de los padres

Todos los niños son únicos y, aunque sus cuidadores influyen en ellos, es posible que, en ocasiones, se sientan distintos del resto de la familia. Permitirles ser distintos los ayuda a adquirir la seguridad necesaria para ser ellos mismos.

En la familia de Franklin, todo el mundo tenía un «buen trabajo», con paquetes de beneficios y salarios estables, mientras que a Franklin le gustaba el arte, actuar y bailar. No concebía una vida en la que no se dedicara a lo que le apasionaba. Sin embargo, cada vez que mencionaba la danza o el teatro, sus padres le decían que eso no era una profesión y se negaban a apoyarlo.

Invalidar las emociones

Los niños sienten emociones con respecto a los adultos en sus vidas y a lo que les sucede. Ignorar la necesidad de apoyo emocional del niño hace que sienta que sus emociones no son válidas. Los estudios demostraron que basta con que haya un adulto emocionalmente presente en la vida del niño para que esta se vea afectada de forma positiva.

Los padres de Will se divorciaron cuando él tenía doce años. Se quedó con su madre y pasó de ver a su padre a diario a verlo solo dos días al mes. Will sentía el peso de la ausencia de su padre, pero nadie le hablaba del divorcio ni le preguntaba cómo se sentía.

En *Notes from Your Therapist*, Allyson Dinneen habla del abandono emocional que sufrió. Su madre murió en un accidente de avión cuando ella era pequeña, pero nadie le explicó qué había sucedido. La vida siguió, como si su madre hubiera desaparecido sin más. Sin embargo, Allyson no lo podía ignorar. Por difícil que sea explicar las cosas, es imperativo mantener conversaciones importantes con los niños y comprobar su estado emocional.

Pedir a los niños que se cuiden solos, sin ayuda ni supervisión

Los niños no pueden cuidar de sí mismos ni de sus hermanos pequeños. Incluso cuando ya tienen edad para quedarse solos, lo más saludable es darles instrucciones y explicarles qué se espera de ellos. Poner a los niños en la tesitura de tener que decidir demasiadas cosas solos, o de cuidar de sus hermanos pequeños es cargarlos con responsabilidades adultas a edades en las que no es razonable hacerlo. Aunque es lógico que los padres que necesitan ayuda recurran a sus hijos mayores, si estos tienen que renunciar a sus actividades después de la escuela, a los estudios o, sencillamente, a ser niños, los acaban perjudicando.

Samantha no podía participar en ninguna actividad extraescolar porque tenía que recoger a sus dos hermanos pequeños. Y los fines de semana, cuando su madre quería salir, tenía que ser su niñera. Y aunque quería a sus hermanos, le molestaba no poder vivir su vida porque su madre no tenía la ayuda de otro adulto para ocuparse de los niños.

En las familias disfuncionales, «eres muy maduro para tu edad» suele querer decir lo siguiente:

- Sabes cómo no molestar.
- Ayudas a los adultos a superar sus crisis.

- Sabes complacer y cuidar de los demás.
- Eres el confidente emocional de un adulto.
- Asumes tareas adultas.
- Eres más racional que quienes te rodean.
- Sabes cómo ser invisible.
- No das problemas.
- No eres el niño que te toca ser, porque asumiste actividades adultas.

No permitir que los niños se muestren vulnerables

Los seres humanos son seres emocionales, y es normal que los niños expresen sus emociones. Cuando algo los altera, lloran y gritan, y eso no significa que se porten «mal». Es su manera de expresar sus emociones, y corresponde a los adultos que los cuidan ayudarlos para que aprendan a aceptar y procesar sus emociones, no a suprimirlas para evitar que otros se sientan mal.

En el funeral de su abuela, uno de los tíos de Todd, quien entonces tenía doce años, le dijo que dejara de llorar y fuera fuerte. Todd acababa de perder a su abuela, quien había ayudado a criarlo.

Cuando un niño expresa sus emociones, nunca se le debe decir que deje de sentir lo que sea que esté sintiendo. Por supuesto, si está triste y empieza a gritar, se le puede ayudar a encontrar una manera más serena de expresar esa tristeza. También es útil poner nombre a lo que siente y darle un espacio seguro donde sentirlo.

Demostrar poco o ningún interés en conocer a los niños

Los niños quieren que sus padres les hagan caso y valoran mucho que los conozcan. Hay padres emocionalmente inmaduros o muy absortos en sí mismos. Y, en consecuencia, es posible que se olviden de cómo estar presentes para los demás, sus hijos incluidos.

Los padres de Leah no tenían ni la menor idea de lo que le gustaba. Solo se acordaban de lo que le gustaba cuando era muy pequeña, así que Leah tenía que recordarles continuamente sus gustos.

Hacia los trece años decidió dejar de repetirse y permitir que asumieran lo que quisieran.

Signos de padres emocionalmente inmaduros

- Te sientes solo cuando estás con ellos.
- La relación es unilateral (todo trata de ellos).
- Invalidan o minimizan tus emociones.
- Se relacionan de manera superficial.
- Te culpan de problemas que causaron ellos.
- Presentan reacciones emocionales muy intensas.
- Evitan la vulnerabilidad.
- Exigen obediencia.
- No respetan los límites.
- Esperan que adivines cómo se sienten.
- Intentan provocarte.
- Te hacen responsable de sus emociones.
- Hacen que sus problemas parezcan más importantes que los tuyos.
- Son incapaces de contener tus emociones o tus problemas.
- Te hacen sentir culpable para conseguir que hagas lo que quieren.

Distanciamiento emocional

Expresar las emociones es saludable tanto para los niños como para los adultos, y aquellos aprenden mediante la observación. Si los adultos que los rodean no expresan las emociones, es posible que los niños tampoco lo hagan, o que se critiquen a sí mismos en caso de hacerlo. La ausencia de emoción no es sana.

Tammie nunca vio llorar a ninguno de los miembros adultos de su familia. Parecía que todos eran capaces de controlarse muy bien. Así que imitó lo que veía y, durante demasiado tiempo, se negó a permitirse sentir, incluso cuando quería hacerlo.

Falta de normas o de estructura

Por atractiva que pueda parecer la ausencia de normas, los niños se sienten muy inseguros en esa situación. La estructura es una manera saludable de demostrar que los padres se preocupan por la salud y el bienestar de sus hijos. Los niños no saben qué es lo mejor para ellos y necesitan de adultos que establezcan las normas que los mantienen a salvo.

La madre de Latoya era una «madre guay» y hablaba de sexo de una manera amistosa y sin juzgar. Le permitía quedarse en casa con sus amigos para fumar y beber, porque decía que «los niños deben aprender dónde están sus límites descubriendo por sí mismos cuándo se excedieron». Pero Latoya quería a alguien que la guiara, no otra amiga.

Crianza distraída

Los dispositivos electrónicos consumen la atención de adultos y niños. Muchas veces, los padres están físicamente presentes, pero mental o emocionalmente ausentes, porque están pendientes de sus dispositivos en lugar de conectar y sintonizar con sus hijos. Estar sentados a la mesa todos juntos, mientras cada uno atiende su celular, no se puede calificar de tiempo de calidad juntos. Es esencial imponer límites al uso de los dispositivos, tanto para los niños como para los adultos.

La mayoría de las veces que Marie intentaba hablar de algo con su padre, este estaba con el celular, ya fuera mirando un video o navegando por las redes sociales. Cada vez que ella lo interrumpía para preguntarle algo, obtenía una respuesta breve e irritada.

Negligencia física

La negligencia física consiste en no proporcionar a los niños la comida, la vivienda y la ropa suficientes. En invierno, Eric iba a la escuela sin abrigo. Su maestra encontró uno en la sección de objetos perdidos y se lo dio, para que no pasara frío.

La negligencia física puede adoptar estas formas, entre otras:

- Carecer de la ropa adecuada para la época del año.
- Carecer de acceso a electricidad, gas o agua corriente.
- No comer con regularidad.
- Carecer de cuidados odontológicos básicos.
- Carecer de una vivienda segura.
- Carecer de una vivienda estable.
- Carecer de la supervisión adecuada.
- No tener garantizada la integridad física.
- No ver satisfechas las necesidades físicas.

Maltrato físico

Golpear o abofetear a los niños es maltrato físico y puede comportar la intervención de las autoridades. El maltrato físico y el abuso sexual dejan heridas visibles, pero también emocionales. Por eso hay leyes de protección de menores. Sin embargo, las leyes no bastan para evitar que se les haga daño.

Los niños que sufren maltrato físico o abuso sexual presentan una mayor incidencia de:

- Suicidios consumados.
- Problemas alimentarios.
- Dolor crónico.
- Migrañas.
- Violencia en las relaciones adultas.
- Adicciones.
- Problemas de salud mental.
- Síndrome premenstrual severo.

- Fibromas.
- Problemas relacionales.

Maltrato emocional y verbal

Los insultos, los desprecios, el acoso y las amenazas son formas de maltrato verbal. Insultar a los niños para reñirlos también es maltrato verbal. Por mal que se porten, nunca es adecuado insultarlos o atacarlos con palabrotas. La lengua es un arma muy potente. Cuando alguien sufre un maltrato verbal continuado, desarrolla problemas de autoestima y de inseguridad.

Estas son algunas de las señales de maltrato emocional y verbal:

- El silencio como castigo.
- Culpar a otros de lo que uno siente.
- Manipular para conseguir lo que se quiere.
- Humillar al otro deliberadamente.
- Ridiculizar al otro porque expresó lo que siente.
- Ignorar al otro cuando expresa lo que siente o lo que piensa.
- No responder a las peticiones de consuelo.
- Decirle al otro lo que debe sentir o no.
- Hacer luz de gas al otro (hacer que dude de sí mismo).
- Ignorar los intentos de comunicación.

Si durante la infancia sufriste maltrato o negligencia emocional, es posible que:

- Te preguntes si alguna vez te sentirás como una persona normal.
- Te cueste perdonar a tus padres.
- Te asuste establecer límites.
- Te sientas solo porque nadie sabe cómo te sientes.
- Busques respuestas a «porqués».

- Tengas problemas de salud mental.
- Sufras ansiedad con frecuencia.
- Te autosabotees inconscientemente.
- Te preocupe ser padre o madre.
- Tengas dificultades para establecer afectos seguros.
- Te sientas como un impostor cuando las cosas te van bien.
- Te preocupe repetir patrones familiares disfuncionales.

Las relaciones familiares son las únicas en las que se espera que pasemos por alto y perdonemos sin más el maltrato, la negligencia y el abandono. Cuando continuamos manteniendo relaciones en las que hubo maltrato o negligencia, acostumbramos a sentir resentimiento, ira, pena, miedo y tristeza. Que el maltrato o la negligencia hayan cesado no significa que la persona haya superado sus consecuencias. Además, las dificultades pueden llegar hasta la edad adulta. Por ejemplo, es posible que los padres que consumían drogas cuando sus hijos eran pequeños sigan consumiéndolas cuando estos ya son adultos. Mantener la relación con los causantes del trauma puede exacerbar los síntomas de la depresión, la ansiedad, el trastorno de estrés postraumático, el trastorno bipolar y otros problemas de salud mental. Muchos adultos tienen relaciones complicadas con los familiares que los maltrataron de niños. Los seres humanos no olvidamos nunca. Podemos ignorar, negar o reprimir el trauma, pero nunca lo olvidamos. E incluso si alguien no recuerda físicamente lo sucedido, su cuerpo y su sistema nervioso seguirán respondiendo al trauma.

No olvidamos nunca.

Es importante insistir en que el maltrato y el abandono o la negligencia no tienen nada que ver con cuestiones económicas. Los niños de familias acomodadas también sufren las consecuencias del maltrato, la negligencia y la adicción.

Muchas veces, los hijos de personas que abusan de sustancias piensan que sus padres eligieron las drogas o el alcohol por encima de ellos.

Sin embargo, la adicción no es una elección y sí un espacio de impotencia. Tus padres te pueden querer y, al mismo tiempo, tener problemas con el alcohol o las drogas; la adicción no es un ataque contra ti. Es posible que tus padres te quieran y, al mismo tiempo, presenten conductas que atentan contra su salud. Es habitual que los hijos de padres con problemas de abuso de sustancias crean que, si sus padres los quisieran lo suficiente, las dejarían. Sin embargo, la realidad es que lo que caracteriza a la adicción es la incapacidad de cesar la conducta. El adicto no puede dejar de consumir.

Una vez entendemos que su conducta no es un ataque contra nosotros, podemos empezar a darnos cuenta de que se enfrentan a algo que no pueden controlar. Trabajar los problemas con los padres exige que humanicemos sus experiencias. No lo dejaron porque no pudieron, o no lo han dejado porque no pueden. Eres suficiente y, por mucho que te afecte la adicción de otros, incluso la de tus padres, no es culpa tuya y no tiene nada que ver contigo.

EJERCICIO

Busca un cuaderno o un papel y responde a las siguientes preguntas:

- ¿Cómo afectó a tu familia el abuso de sustancias?
- ¿Aún te relacionas con el miembro de tu familia que te hizo daño durante tu infancia?
- ¿Tu familia abordó los problemas de tu infancia con la persona que los causó?

CAPÍTULO 4

Repetir el ciclo

Denise se crio con su abuela. La relación que mantenía con su madre se parecía más a la de dos hermanas que se llevaran varios años de edad. Vivía en casa de su abuela desde los seis meses, porque su madre no la podía cuidar mientras trabajaba y vivía su vida.

Diez años después, su madre se casó y tuvo otros cuatro hijos, uno de los cuales acabó viviendo también con su abuela. Cada uno de los hijos tenía un estilo de relación propio con la madre, pero ninguno tenía una relación madre-hijo.

La madre de Denise nunca hizo el menor intento de recuperarla. Su abuela siempre la había considerado su hija y era así como quería que siguieran las cosas. Tampoco su padre se había implicado en la vida de la niña.

Tanto su madre como su abuela habían sido criadas por sus abuelos respectivos, por lo que se trataba de algo habitual en la familia, sobre todo cuando la madre era soltera. De hecho, cuando su abuela era joven, la describían como una chica «salvaje», y no se calmó y alcanzó la estabilidad económica hasta que se hizo más mayor y se casó. Como ella no había criado a sus hijos, creía que era su deber estar ahí para la madre de Denise y criar a sus nietos. Les podía dar una vida que su madre aún no les podía ofrecer.

Cuando Denise llegó a la edad adulta, su madre quiso forjar un vínculo más sólido con ella, pero a esta le resultaba difícil forjar una relación con alguien que se había mantenido tan distante durante casi toda su vida por decisión propia. No haber criado a sus hijos no parecía que fuera un problema para la madre de Denise; esta, por el contrario, no podía justificar la ausencia de su madre. Esta no era adicta a nada, por lo que Denise no entendía por qué no había criado a sus hijos, y cuanto más intentaba formar parte de la vida de Denise, más se irritaba esta. Su madre no entendía su reacción porque, a pesar de haber pasado por algunos momentos difíciles, ahora mantenía una buena relación con su propia madre (la abuela de Denise).

Por qué repetimos los patrones familiares disfuncionales

Al comienzo de mi carrera profesional, en mis primeras visitas como terapeuta familiar, traté a una madre y a su hija adolescente. El hermano de la madre abusaba sexualmente de su sobrina y la madre reveló que también había abusado de ella cuando era adolescente. Se me partía el corazón al observar cómo la madre conectó con la realidad del patrón conductual disfuncional, porque nadie querría tener que repetir ese patrón.

No siempre somos conscientes de la existencia de un patrón, pero cuando lo somos, es habitual que se traten como secretos de familia. Hay familias que tienen la esperanza de que la situación disfuncional no sea más que una anomalía y que, si hacen como si no existiera, desaparecerá por sí sola. Sin embargo, es imposible cambiar nada a no ser que se ponga remedio al problema.

Hay cosas que no mejoran con el tiempo. No haber recibido el amor que necesitábamos durante la infancia y aceptar que los adultos en cuestión siguen sin ser lo que precisamos es algo muy doloroso y de lo que no se habla lo suficiente. Aunque no podemos cambiar a las personas, intentarlo puede resultar muy tentador, y quizá creamos que es lo que tenemos que hacer para reparar lo sucedido, cuando, de hecho, no nos corresponde a nosotros. Si aún estás intentando aceptar que alguien importante en tu infancia sigue siendo incapaz de darte lo que necesitas, trátate con mucha amabilidad.

La ignorancia nos hace felices porque nos absuelve de la necesidad de cambiar. A veces preferimos fingir que no sabemos la verdad a tener que hacer el difícil trabajo de afrontar el conflicto y las realidades desagradables en la familia. El miedo al aislamiento, la aceptación del *statu quo* o la falta de las herramientas que necesitamos para cambiar pueden hacer que los patrones familiares de conductas negativas se perpetúen durante años.

La ignorancia nos hace felices porque nos absuelve de la necesidad de cambiar.

Miedo al aislamiento

El ser humano anhela la pertenencia, y a la mayoría nos cuesta aceptar la posibilidad de que nos expulsen del clan familiar. Decidir romper con un patrón familiar puede causar, y causa, dificultades en las relaciones familiares. Es posible que las personas responsables tengan dificultades para aceptar el daño que hicieron, incluso cuando se trata de conductas evidentemente incorrectas. Además, cuando alguien decide poner sobre la mesa la disfunción familiar, lo más probable es que haya otros miembros de la familia que intenten negar la existencia del problema.

Hablar de los patrones disfuncionales es un acto de valentía. Por desgracia, alzar la voz puede tener consecuencias devastadoras, por lo que muchas personas permanecen en silencio.

Aceptación del *statu quo*

Es posible que haya quien no vea nada malo en algunos patrones familiares. Por ejemplo, podría ser que chismear acerca de los miembros de la familia sea una norma aceptable en un grupo familiar. Es posible que incluso sea objeto de bromas o se le quite importancia. Sin embargo, el mero hecho de que las personas acepten determinadas conductas no significa que estas sean saludables. Tan solo quiere decir que nadie cuenta con las herramientas necesarias para cambiar los patrones.

Lo que nosotros percibimos como un problema, para otra persona puede ser una manera aceptable de vivir. No hay un consenso universal acerca de qué constituye un problema y qué no. No podemos persuadir ni convencer a nadie para que cambie, por muy claro que tengamos que su vida mejoraría si lo hiciera. Tenemos claro cómo afecta a su vida el hecho de seguir igual y cómo sus conductas afectan a la nuestra, pero tan solo podemos cambiarnos a nosotros mismos, no a los demás. Por lo tanto, en algunas familias, vivir con la disfunción parece mejor que hacer algo al respecto.

Falta de herramientas para empezar

Saber cómo o por dónde empezar puede ser muy difícil en ausencia de modelos o de un sistema de apoyo adecuado. Aunque veamos el problema, intentar resolverlo nos puede producir tanta o más ansiedad que el problema en sí.

El modo en que estamos presentes en las relaciones familiares suele ser cuestión de hábito. Por hábito, invitamos a personas concretas a las reuniones familiares. Si decidimos modificar la lista de invitados, es probable que algún miembro de la familia nos pregunte al respecto. Las relaciones familiares están interconectadas, por lo que cuando decidimos cambiar el modo de relacionarnos con una persona concreta, es muy probable que otras relaciones también lo hagan. Por ejemplo, si decidimos dejar de hablar con uno de nuestros hermanos, es muy probable que nuestros padres se empiecen a relacionar de otra manera con nosotros. Cambiar patrones puede ser muy difícil, porque nuestras decisiones afectan a todo el mundo.

Cómo gestionar el maltrato o el abuso sexual en la familia

No podemos pasar por alto que algún miembro de la familia cometa o haya cometido agresiones sexuales. Con demasiada frecuencia se deja a niños con personas que hicieron daño a otros miembros de la familia. No podemos asumir que llegará un momento en el que será seguro dejar a niños con esa persona.

Durante mis dieciséis años como terapeuta, oí a innumerables personas explicar que informaron a sus padres de que un familiar había abusado de ellas y que sus padres y otros adultos se habían seguido relacionando con ese familiar. Eso hace que el niño se sienta inseguro en su propia familia, además de abandonado emocionalmente.

En lugar de decir a tus hijos: «No te acerques a ___ [inserta aquí el nombre del depredador sexual]», encárgate tú de mantenerlos bien lejos de las personas que suponen un peligro para ellos. Los niños no son responsables de su propia seguridad ante maltratadores o agresores conocidos en la familia. No les corresponde a ellos gestionar sus relaciones con personas que les pueden hacer daño. Un adulto que se sabe que es peligroso nunca debería tener acceso a tus hijos.

Obviamente, si un familiar está abusando de un menor, hay que tomar medidas legales para proteger a ese niño, además de los que podrían correr peligro en el futuro. Por el contrario, cuando somos adultos, la responsabilidad de protegernos recae en nosotros. Por lo tanto, tú eres la única persona que puede decidir cómo quieres cambiar para gestionar una situación. En tanto que adulto, puedes decidir denunciar a tu agresor ante el resto de la familia, tomar medidas legales, o evitar a la persona cuya conducta te resulta problemática.

El trauma no resuelto afecta a las relaciones adultas

Es habitual que las personas que crecieron en familias disfuncionales experimenten dificultades en sus relaciones adultas.

Algunos de los problemas habituales a los que se enfrentan son:

- Dificultades para confiar (en sí mismos y en los demás).
- Dependencia (contradependencia y codependencia).
- Dificultades con el control.
- Desconexión emocional (o alexitimia).
- Dificultad para expresar las necesidades.

Dificultades para confiar (en sí mismos y en los demás)

La madre de Jonathan criticaba todo lo que este hacía. Parecía que nada era nunca suficiente o lo bastante bueno. Siempre encontraba un error o un ejemplo de cómo lo podría haber hecho mejor. Aunque durante toda su etapa escolar siempre fue de los primeros de clase, su madre siempre le exigía más. En la universidad se bloqueaba cuando tenía que tomar decisiones solo. Siempre temía no estar haciendo las cosas bien. No confiaba en sí mismo, a pesar de que tenía evidencias de lo bien que lo estaba haciendo.

Las personas en las que confiamos pueden:

- Hacernos daño.
- Traicionarnos.
- Herir nuestros sentimientos.

- Aprovecharse de nosotros.
- Engañarnos.
- Maltratarnos.
- Tenernos envidia.
- Culparnos.
- No ayudarnos.
- Contar chismes acerca de nosotros.
- Robarnos.
- Usar nuestras palabras en contra de nosotros.

No cabe duda de que haber sufrido a manos de un familiar puede ser el origen de las dificultades para confiar en los demás, tanto durante la infancia como en la adultez, si el problema no se reconoce, se procesa y se subsana.

Dependencia (contradependencia y codependencia)

Los padres de Cecelia siempre estuvieron muy centrados en sus propias carreras profesionales. Era hija única y, ya de pequeña, aprendió a cuidar de sí misma. Estaba tan acostumbrada a tener que arreglárselas sola que, cuando alguien le ofrecía ayuda, la rechazaba. Negó durante tanto tiempo que necesitara ayuda que acabó convencida de que lo podía hacer todo sola.

Cecelia se sentía sola y sabía que ser contradependiente la había llevado a no tener a nadie en quien apoyarse cuando lo necesitaba.

En las familias disfuncionales, los problemas de dependencia se sitúan en uno u otro extremo. La contradependencia es la negación de las necesidades personales, mientras que la codependencia consiste en ayudar a otros a evitar las consecuencias de sus actos, ahorrándoles cualquier experiencia desagradable. Ninguna de las dos es útil o saludable, porque dar y recibir de un modo saludable es una cuestión de equilibrio.

Dificultades con el control

La vida de Justina era impredecible, pues su padre, quien la criaba solo porque su madre ya no estaba, era incapaz de mantener un trabajo. La abuela de Justina los ayudaba cuando les cortaban la luz o cuando necesitaban comprar comida, y ella se prometió a sí misma que, de mayor, sería capaz de satisfacer todas sus necesidades sin ayuda de nadie. Así que ahora intenta tenerlo todo bajo control. Cuando tiene pareja, intenta controlar varios aspectos de la vida del otro, especialmente cómo se gasta el dinero.

La seguridad es una necesidad básica. Por eso, es comprensible que queramos controlar nuestro entorno cuando la vemos amenazada. Cuando tenemos un área sensible (por ejemplo, lo relativo al dinero), nos mostramos hipersensibles en todo lo que a esa área se refiere. Sin embargo, y por mucho que mantener el control pueda parecer la mejor manera de estar a salvo, en realidad puede ser contraproducente, en especial si no hay una amenaza real, pero sí una necesidad de garantizar que en el futuro todo sea positivo y predecible.

Señales de que intentas controlar a alguien

- Lo presionas para que piense o actúe como tú.
- Gestionas áreas de su vida que no te afectan (te metes donde no te llaman).
- Le dices qué debe hacer o no con su vida.
- Le exiges que cambie por ti.
- Lo manipulas para que cambie de conducta.
- Creas normas sobre cómo «debería» hacer las cosas.
- Le dices qué le conviene.

Desconexión emocional (o alexitimia)

«No deberías sentirte así», o «¿se puede saber por qué lloras?» son dos de las cosas que Andrew solía oír de boca de sus padres. Con cuarenta años estaba en su segundo proceso de divorcio. La que pronto sería su exesposa le decía que nunca sabía qué pensaba o sentía, porque nunca le hablaba de sus emociones. Y le tuvo que dar la razón, porque se dio cuenta de que ni siquiera él sabía qué sentía o dejaba de sentir.

Sabía que no se quería divorciar, pero no estaba seguro de cómo ser más emocional, como le pedía su esposa. La desconexión emocional suele acabar en divorcio, porque el miembro de la pareja que no está desconectado se siente aislado y solo en la relación.

La incapacidad para identificar y expresar las emociones se llama alexitimia. «No sé lo que siento» es una de las frases habituales de las personas alexitímicas. Incluso cuando saben qué sienten, tienen muchas dificultades para comunicar sus emociones a los demás. Las personas que crecen en familias en las que se reprime la expresión emocional acaban desconectándose de sus emociones y, por lo tanto, no pueden o no quieren expresar lo que sienten.

Seis maneras de gestionar la alexitimia

1. Usa una tabla de emociones (sí, esas con caritas) para determinar qué sientes.
2. Usa un registro de emociones para evaluar qué sientes en distintos momentos del día.
3. Escribe un diario sobre las emociones. Elige una emoción y escribe acerca de algún momento en el que la experimentaras.
4. Comienza a usar palabras sobre emociones en las conversaciones cotidianas. Quizá te resulte raro al principio, pero adquirirás soltura a medida que practiques.

5. Presta atención a cómo expresan sus emociones otras personas y hazles preguntas sobre cómo se sienten.
6. La terapia te puede enseñar a identificar las emociones, a conectar con ellas y a procesarlas.

Dificultad para expresar las necesidades

Los padres de Evelyn eran mayores y, cuando ella era pequeña, sus hermanos ya eran adultos. Sus padres la retaron a que aprendiera a arreglárselas sola y eso es lo que hizo. Cuando necesitaba ayuda, intentaba encontrar la manera de avanzar sin pedirla, porque no quería molestar a nadie. Una vez se rompió el tobillo y necesitó ayuda para cuestiones tan básicas como bañarse o moverse por casa. Tuvo muchos problemas para cuidar de sí misma, porque no quería pedir el auxilio que necesitaba.

Los seres humanos necesitamos a los demás y eso no es necesariamente malo. Por supuesto, no queremos ser una carga, por lo que pedir ayuda cuando nos dijeron que tenemos que ser autónomos puede ser muy difícil. Sin embargo, al margen de lo que nos hayan dicho, es imposible hacerlo todo por nuestra cuenta. Todos tenemos necesidades y no pasa nada por admitirlo. Negar las necesidades no hace que desaparezcan; tan solo se consigue que queden insatisfechas.

En una encuesta de Instagram pregunté: «¿Qué patrón familiar quieres romper?». Estas fueron las veinte respuestas más recurrentes (sin ordenar):

- Alcoholismo.
- Codependencia.
- Secretismo.
- Permanecer en relaciones disfuncionales.
- Contradependencia.

- Contar chismes acerca de miembros de la familia.
- Maltrato verbal.
- Desconexión emocional.
- Hacer que alguien dude de sí mismo.
- Pasar por alto los problemas.
- Criticar a las personas por su peso.
- Inestabilidad económica.
- Mantener las apariencias ante los demás.
- Aglutinamiento.
- Inmadurez emocional.
- Falta de límites.
- Abandono emocional.
- Conductas pasivo-agresivas.
- Conducta complaciente.
- Maltrato físico a los niños.

Hay familias en las que se dan varios de los elementos de esta lista, pero basta con uno para que tus relaciones como adulto se puedan ver afectadas.

El impacto de los problemas de la infancia en las relaciones amorosas

Harville Hendrix y Helen LaKelly Hunt desarrollaron la terapia imago para ayudar a las parejas a gestionar las heridas de la infancia que interferían en su capacidad para conectar con la otra parte. Tener una pareja con heridas de la infancia puede dar lugar a expectativas poco realistas en la relación. Por lo general, las dificultades que los adultos experimentan con su pareja son las mismas que experimentaron en la infancia. Por lo tanto, cuando intentan afrontar esas dificultades con su pareja, la intensidad emocional aumenta.

Por ejemplo, la madre de Derrick lo abandonó cuando él era pequeño. De adulto, saboteaba inconscientemente sus relaciones amorosas siendo infiel y negando las demostraciones de afecto. Le daba miedo forjar vínculos y abrirse a la vulnerabilidad porque temía que lo abandonaran de nuevo. Se sentía mucho más seguro con las relaciones superficiales.

Nuestra pareja no puede curar las profundas heridas que el trauma infantil deja en nosotros; lo que sí puede hacer es ayudarnos a cerrarlas. Por otro lado, hay parejas que reabren la herida del trauma al recrear experiencias traumáticas conocidas. Por ejemplo, si crecimos en un hogar en el que nuestros padres aplicaban el castigo del silencio cuando se enojaban, es posible que nos sintamos abandonados si nuestra pareja hace algo parecido. Si queremos romper el ciclo, debemos ser conscientes de cómo los problemas de la infancia reaparecen en las relaciones amorosas adultas.

Familias transgeneracionales

Las familias transgeneracionales son aquellas en que los abuelos son los cabezas de familia. En Estados Unidos, 2.5 millones de niños son criados por sus abuelos, normalmente porque los hijos adultos de estos tienen dificultades a causa del consumo abusivo de sustancias, la falta de vivienda u otras cuestiones sociales, o bien están en el ejército.

Los abuelos, los tíos y otros miembros de la familia pueden ofrecer mucho afecto y apoyo, pero no pueden sustituir la función de los padres y madres biológicos. Incluso en los casos en que los padres no forman parte de la vida del niño, este tiene claro cuál es la función de un progenitor. La ausencia de los padres biológicos en la vida de un niño hace que este se plantee cómo existir con una pérdida tan profunda. Incluso cuando, por su propio bien, se coloca al niño en entornos saludables, ya sea con familiares o con padres adoptivos, es muy probable que anhele conocer a sus padres biológicos o tener relación con ellos.

Criar a un nieto es muy distinto a ayudar a un nieto que necesita una ayuda extra.

Criar a un nieto puede pasar por:

- Asumir la responsabilidad de su atención médica.
- Gestionar todas las tomas de decisiones.
- Proporcionar un entorno seguro al niño.
- Mantener al niño económicamente.
- Imponer expectativas respecto al niño.

Ayudar a un nieto puede pasar por:

- Hacer de canguro cuando sea necesario.
- Estar presente en las actividades extraescolares.
- Comprar regalos.
- Ofrecer consejos cuando sea necesario (o cuando se soliciten).
- Respetar las expectativas impuestas por los padres.

Con frecuencia, es preferible crecer con miembros de la propia familia que en una de acogida. Los niños están programados para apegarse a sus padres. En el punto álgido de la pandemia de la COVID-19, había una preocupación generalizada por los niños que vivían con sus abuelos o con otros adultos mayores, porque esta era la población con más riesgo de contraer el virus y de requerir hospitalización. La ayuda de los abuelos mejora el bienestar del niño, de modo que pueden ser un elemento positivo en la vida de este. Sin embargo, si los padres están ausentes, los niños pueden desarrollar problemas de abandono. Por lo general, los abuelos que crían a sus nietos tienen más problemas de salud y de depresión, así como menos recursos, si son pensionistas.

¿Qué te pasó a ti?

Ser conscientes de los patrones nos salva de repetirlos. Entender nuestra propia historia es un proceso que se alarga en el tiempo y, además, esta evoluciona constantemente. Ya de adulta, vi en Lifetime una película que me hizo recordar un acontecimiento traumático pasado. Trataba de la violencia en las relaciones de pareja entre adolescentes y me hizo pensar en que fui testigo de cómo el novio de una familiar mía la embestía con el automóvil cuando ambos eran adolescentes. Me pareció increíble que el recuerdo apareciera de repente y con tanta claridad. Lo sucedido me había afectado de maneras de las que ni siquiera era consciente. Me altera mucho que alguien levante la voz, por poco que sea. ¿Cuál es tu historia?

Ser conscientes de los patrones nos salva de repetirlos.

EJERCICIO

Busca un cuaderno o un papel y responde a las siguientes preguntas:

- ¿Qué patrones repetiste? Repasa la lista de mi encuesta en Instagram (véase «Dificultad para expresar las necesidades», en la pág. 78), si necesitas ideas.
- ¿Qué patrones quieres romper?
- Piensa en alguna situación en la que te costara expresar tus emociones.

CAPÍTULO 5

El trauma transgeneracional

Donald venía de varias generaciones de alcohólicos: su abuelo, su padre, varios tíos y ahora él. Solo tenía doce años cuando consumió su primera bebida alcohólica. Estar borracho era la única manera que sabía de estar tranquilo y olvidar los problemas que tenía en casa. Su familia estaba tan absorta en su propio caos que nadie se dio cuenta de que bebía a diario hasta que ya había cumplido los diecisiete.

A Donald siempre le había costado conectar con su padre, pero eso cambió cuando empezaron a beber juntos. De repente, su interés común los ayudó a forjar un vínculo.

Cuando la segunda esposa de Donald amenazó con dejarlo si no pedía ayuda, accedió a ir a terapia de pareja con ella. Por desgracia, no aceptaba que tuviera un problema. Se consideraba un bebedor «funcional» que atendía sus responsabilidades económicas y que solo bebía por la noche y los fines de semana. No estaba borracho todo el tiempo, como su abuelo, ni estaba en paro, como sus tíos.

Estaba convencido de que podía dejar de beber si quería, pero aún no quería hacerlo, a pesar de los problemas familiares que le estaba causando. Dedicaba su tiempo libre a beber en casa de sus padres o con sus amigos. Durante nuestras sesiones, daba la impresión de que quería a su esposa y al hijo que tenían en común, pero le costaba separarse del compañero en el que confiaba: el alcohol.

Hasta que su esposa cumplió sus amenazas y se fue de casa con su hijo, Donald no empezó a explorar en serio su historia y su relación con el alcohol.

Se preguntó lo siguiente:

- ¿Cómo está afectando el alcohol a mi vida?
- ¿Cuál fue la historia de abuso del alcohol en mi familia?
- ¿Qué tiene de problemático el alcohol?
- ¿Puedo cambiar de conducta solo o necesito ayuda?
- ¿Cómo me ayuda el alcohol a sobrellevar la vida?

A veces, es cierto que de tal palo tal astilla

Michael D. Yapko explica en *La depresión es contagiosa: elige bien tu entorno para mantener una vida emocional sana* que los hijos de padres y madres deprimidos tienen el triple de probabilidades de desarrollar depresión más adelante. Los padres son modelos a seguir para los hijos, quienes absorben tanto las cualidades positivas como las negativas. Cuando los padres están centrados en la gestión de sus propios problemas, acostumbran a dejar que sus hijos se espabilen solos, con poca o ninguna orientación por su parte. Muchos niños con padres distraídos experimentan una sensación de soledad crónica. Para Donald, la bebida había sido la única manera de conectar con su padre.

Al comienzo de mi carrera, atendí a niños y a padres en el sistema de hogares de acogida. La severidad del abuso y el nivel de cumplimiento de los padres con el tratamiento determinaban si los niños podían volver a casa o tenían que permanecer en su hogar de acogida. En promedio, el 39% de los niños retirados de sus hogares vienen de familias con problemas de uso o abuso del alcohol o drogas. En muchos casos, el abuso en el consumo de sustancias por parte de los padres se suma a una historia de trauma y problemas de salud mental no tratados, sobre todo trastorno de estrés postraumático (TEPT) y depresión. La probabilidad de abusar de sustancias se triplica en personas con TEPT, y es probable que un tercio de las personas con síntomas depresivos acaben abusando de ellas. Los terapeutas que ayudan a personas con trastornos por abuso de sustancias acostumbran a descubrir que se trata de una estrategia de afrontamiento. En los hogares disfuncionales, es habitual gestionar el caos abusando de sustancias que permiten aliviar o ignorar el dolor emocional.

Criterios clínicos para los trastornos por abuso de sustancias

Se diagnostica un trastorno por abuso de sustancias cuando se cumplen dos o más de los criterios siguientes en un periodo de doce meses:

1. Consumir sustancias en cantidades superiores a las recomendadas o consideradas seguras.
2. Incapacidad para reducir el consumo, aunque se desee.
3. Invertir una gran cantidad de tiempo en adquirir, usar o recuperarse del uso de la sustancia.
4. Deseo o ansia incontrolable de consumir.
5. Incapacidad para rendir en casa, en la escuela o en el trabajo debido al abuso de sustancias.
6. Uso problemático persistente a pesar de las consecuencias negativas experimentadas.
7. Reducción o abandono de actividades saludables de ocio, laborales o sociales debido al abuso de sustancias.
8. Ponerse a uno mismo o a los demás en peligro para adquirir sustancias.

9. Consumir la sustancia a pesar de los problemas cognitivos o psicológicos experimentados debido a su uso.
10. Necesitar cantidades crecientes de la sustancia para lograr el efecto deseado.
11. Síntomas de abstinencia que solo se alivian con el consumo de la sustancia.

En función de estos criterios, y a partir de la quinta edición del *Manual diagnóstico y estadístico de los trastornos mentales* (DSM-V), el diagnóstico puede ser leve, con dos o tres síntomas; moderado, con cuatro o cinco síntomas; o severo, con seis o más síntomas.

Los padres que no gestionaron su propio trauma familiar suelen infligir, ya sea deliberadamente o no, el trauma a sus hijos. La falta de conciencia es un terreno abonado para la repetición de los patrones. La influencia tanto genética como del entorno puede aumentar la probabilidad de abusar de sustancias o de desarrollar problemas de salud mental.

La falta de conciencia es un terreno abonado para la repetición de los patrones.

¿Qué es el trauma transgeneracional?

Se sabe que los descendientes de sobrevivientes del Holocausto tienen niveles superiores en sangre de hormonas inductoras de estrés. Cuando el trauma no se afronta, sus repercusiones se transmiten de generación en generación y el trauma transgeneracional se puede manifestar como la repetición de conductas perjudiciales y estrategias de afrontamiento desadaptativas.

Las personas que experimentaron algún trauma suelen presentar una mayor reactividad ante el estrés. Y no se trata necesariamente de una cuestión biológica, porque también puede ser ambiental, aprendida o modelada. Sin embargo, todos somos susceptibles de padecer el trauma transgeneracional, y el riesgo es más alto en las familias que sufren discriminación racial, maltrato o abandono.

El trauma transgeneracional se puede presentar con síntomas semejantes a los del TEPT, como hipervigilancia, ansiedad, pánico, altibajos emocionales y depresión. Los progenitores que experimentaron un trauma infantil severo tienen más probabilidades de tener hijos con problemas conductuales. La epigenética estudia los cambios de la expresión genética. El trauma transgeneracional también se ha asociado a enfermedades crónicas, como las autoinmunes. Estudios recientes exploran cómo la epigenética deja en los sobrevivientes del trauma una huella que se transmite de generación en generación.

Situaciones que pueden dar lugar al trauma transgeneracional

- Abandono físico o emocional.
- Maltrato físico o abuso sexual.
- Inversión de roles padres-hijo (tratar al niño como a un adulto).
- Mudanzas frecuentes.
- Crecer con padres drogodependientes.
- Crecer sin uno o ambos progenitores.
- Violencia doméstica.
- Vivir en un barrio poco seguro.
- Inseguridad económica.
- Crianza tóxica.

El doctor Joy DeGruy desarrolló la teoría del «síndrome de esclavitud postraumático» (SEPT) para describir cómo la esclavitud sigue afectando a los descendientes de esclavos. DeGruy, autor de *Post Traumatic Slave Syndrome: America's Legacy of Enduring Injury and Healing*, afirma que el SEPT es el resultado del trastorno de estrés postraumático sin resolver, derivado de la transmisión de la experiencia de la esclavitud durante generaciones y hasta hoy, sumado al estrés del prejuicio racial contemporáneo (por ejemplo, mediante microagresiones raciales). Esto se manifiesta como un síndrome psicológico, espiritual, emocional y conductual que provoca falta de autoestima, ira persistente y racismo interiorizado.

CÓMO PUEDE PRESENTARSE EL TRAUMA EN LAS GENERACIONES FUTURAS

- Abuso de sustancias.
- Conductas sexuales de riesgo.
- Vergüenza.
- Patrones familiares disfuncionales.
- Violencia doméstica.
- Relaciones disfuncionales.
- Autosabotaje.
- Trastornos del sueño.
- Límites no saludables.
- Problemas de salud mental.
- Codependencia.
- Problemas de salud emocional.
- Trastornos alimentarios.

PATRONES HABITUALES DE DISFUNCIÓN TRANSGENERACIONAL

Maltrato verbal

Lori detestaba asistir a comidas familiares en casa de su prima porque esta hablaba de sus hijos, ya adultos, como si no fueran suyos. Los calificaba de holgazanes y de idiotas, y solía tener discusiones a gritos con ellos. A Lori le inquietaba que nadie interviniera para detener aquellas discusiones y veía también a su abuela y a sus tías hablar despectivamente de sus hijos.

Puñaladas por la espalda

Aunque la madre y la tía de Tonya no se soportaban, ella esperaba que la relación con su hermana fuera distinta. Por desgracia, esta era cruel e intentaba sabotear la relación de Tonya con el resto de la familia. Su madre solía comentar lo mucho que su relación le recordaba a la que ella mantenía con su propia hermana.

Chismes

En las reuniones de la familia Davis, lo más habitual era que en cuanto alguien salía de la estancia otro de los presentes empezara a comentar su peso, su relación de pareja (o su ausencia), o cualquier otra cosa que se pudiera criticar. Hablar despectivamente de los demás era tan normal que era una parte esperada de las conversaciones familiares. Cuando Tanisha se negó a hablar con sus primos sobre la reciente detención de su hermano, la conversación se volvió incómoda. Ella recuerda que su madre también explicaba demasiadas cosas íntimas y juzgaba las acciones de otros familiares.

Dificultad para expresar las emociones

Jane nunca oyó a su padre decir «te quiero». Su abuela era una mujer compleja y, durante su infancia, la mantuvieron alejada de ella. Jane solo podía imaginar el tipo de madre que su abuela fue para su padre.

Otras maneras en que el trauma generacional afecta a las familias

- Adicción.
- Hogares monoparentales.
- Poca capacidad de afrontamiento.
- Problemas de salud crónicos.
- Problemas en la relación madre-hija.
- Problemas en la relación padre-hijo.
- Problemas entre hermanos.
- Abuso o abandono sexual, físico o emocional.

El ciclo continúa

Los ciclos generacionales son problemas que varios miembros de la familia experimentan a lo largo de generaciones. Quizá hayas visto a tus tíos y a tus primos reproducir los mismos patrones familiares negativos que sus mayores. Eso que se dice de que «no puedes dar lo que no te dieron» explica por qué algunos padres tienen dificultades para superar los patrones transgeneracionales. Sin embargo, es posible aprender y aplicar nuevas maneras de hacer gracias a la educación, a la introspección y a herramientas específicas. Así como los recién nacidos no vienen con un manual de instrucciones bajo el brazo, en ocasiones los padres tienen dificultades para adquirir las habilidades de crianza necesarias. Algunos carecen realmente de las herramientas que necesitan para criar y ayudar a sus hijos. Aunque se suele decir que cuidar de un hijo es cuestión de «sentido común», la realidad es que ese tipo de sentido común dista mucho de ser habitual.

Si la mayoría de las librerías tienen al menos una estantería dedicada íntegramente a libros de crianza, es porque los padres necesitan herramientas y estrategias de afrontamiento para gestionar las exigencias de criar a un hijo. Sin ellas, algunos reproducirán lo que conocen y repetirán las pautas disfuncionales de sus padres. Una vez, una mujer me explicó que ponía azúcar en la salsa de jitomate para la pasta. Cuando le pregunté por qué lo hacía, me respondió que eso era lo que hacía su madre. Cuando la paciente le preguntó a su madre por qué lo hacía, esta le respondió que era lo que hacía su propia madre, la abuela de mi paciente. Nadie sabía por qué. Le expliqué que el azúcar compensa la acidez del jitomate y que, por eso, mucha gente añade un poco. Sin embargo, esto demuestra que, a no ser que nos cuestionemos por qué hacemos algo en concreto, podemos perpetuar conductas que perjudicarán a todos los miembros de la familia. Añadir azúcar tiene una razón de ser, pero otras de las conductas que reproducimos quizá no la tengan en absoluto.

Minimización y negación

Con demasiada frecuencia, las familias afrontan el trauma transgeneracional minimizándolo o negándolo. Muchas veces, las estrategias de afrontamiento desadaptativas son maneras de dejar atrás el trauma. Sin embargo, hacer caso omiso del dolor no solo agrava los problemas de la generación actual, sino que también abona el terreno para las pautas destructivas en las generaciones futuras.

MINIMIZAR PUEDE SONAR ASÍ:

«Tampoco fue para tanto».
«A todo el mundo le ha pasado algo parecido».
«A nosotros no nos afectó».
«Son cosas que pasan».
«Tenemos que ser fuertes y seguir adelante».
«El pasado, pasado está».
«Los problemas de ayer no son las preocupaciones de hoy».

La negación puede sonar así:

«No pasó nada».
«No hablamos de eso».
«No quiero hablar de eso».
«No me acuerdo» (como una manera de evitar la conversación).

Superar la vergüenza

Uno de los motivos más habituales para negar y minimizar lo sucedido es la vergüenza que suscita. La vergüenza hace que permanezcamos en silencio, porque nos parece que lo ocurrido es un reflejo de quiénes somos, así que nos avergüenza hablar de historias de abuso, abandono u otros traumas. La diferencia principal entre la culpa y la vergüenza es que esta parte de la creencia de que «soy malo» mientras que la culpa lo hace de la convicción de que «hice algo malo». Las personas que experimentan vergüenza se suelen someter al maltrato de otros porque intuyen que los demás saben lo «malas» que son y creen que merecen el castigo.

Sentir vergüenza afecta a cómo nos sentimos con nosotros mismos y a cómo nos relacionamos con el mundo. Es posible que, cuando la vida nos va bien, nos sintamos ansiosos porque creemos que en cualquier momento se descubrirán los secretos de la familia o nos preocupe que los demás no entiendan nuestra historia.

Una afirmación para superar la vergüenza

No soy producto de mi entorno. Soy producto de las decisiones que tomo justo ahora. A veces, el entorno influye en esas decisiones. Sin embargo, puedo decidir quién quiero ser. Puedo ser diferente de mi entorno. No será fácil, pero puedo hacerlo.

EJERCICIO

Busca un cuaderno o un papel y responde a las siguientes preguntas:

- ¿Qué secretos familiares ignoraste o minimizaste?
- ¿Cómo te afectó el trauma transgeneracional?
- ¿Alguna vez te sentiste avergonzado por la historia de tu familia?

SEGUNDA PARTE

Sanar

CAPÍTULO 6

Resistir el impulso de permanecer en la disfunción

Kelly y su hermano Jeff tenían una relación tormentosa. Jeff era muy hiriente con sus palabras, solía manipular a la familia para conseguir sus objetivos y se creía con derecho a todo. Sus otros dos hermanos habían cesado toda relación con él y, de hecho, se negaban a ir a casa de Kelly si Jeff estaba allí. Sin embargo, Kelly seguía aguantando, porque sentía que, sin ella, Jeff ya no tendría a nadie. A pesar de que la decepcionaba una y otra vez, mantenía la relación con la esperanza de que algún día cambiara.

En terapia, Kelly exploró lo mal que se sentía con solo pensar en sacar a Jeff de su vida, a pesar de que sabía que él la trataba mal y que se encontraría mejor si dejaba de verlo. Ya había intentado sugerirle que reflexionara acerca de su conducta y de la posibilidad de que esta fuera el origen de las dificultades a las que se enfrentaba, pero él se negaba a ver que no siempre era culpa de los demás. Cuando ella se mostraba en desacuerdo con él, la agredía verbalmente y luego dejaba de hablarle durante un tiempo.

Kelly y Jeff se llevaban pocos años y habían tenido muchas cosas en común, pero ya no era así. Habían crecido sin padre y Kelly se preguntaba si eso podría explicar la conducta de su hermano. No había sido demasiado buen estudiante y le costaba mantener los trabajos.

Kelly envidiaba a sus hermanos por haber sido capaces de poner fin a la relación y reconocía que, si Jeff no fuera su hermano, no tendría nada que ver con él. Sin embargo, por mal que se sintiera cuando la llamaba y la maltrataba o la manipulaba, Kelly no podía superar la sensación de culpa.

Cambiar es difícil, pero vale la pena

Muchas veces, parece que lo más fácil es dejarse llevar por la corriente... pero en realidad eso nos impide avanzar. Saber que hay un problema solo es la punta del *iceberg*, y es muy probable que aún tengas un largo camino por delante. El cambio acostumbra a suceder cuando el nivel de hartazgo es tal que comenzamos a hacer algo distinto. Que sintamos frustración, tristeza o agotamiento en una relación no significa necesariamente que vayamos a hacer nada para cambiar. Solo indica que estamos sintiendo algo.

Modificar la dinámica de una relación es un proceso parecido al de cambiar de hábitos. Para Kelly, eso podría implicar lo siguiente:

- Dejar que salte el contestador cuando Jeff la llama y devolver la llamada cuando esté preparada para hablar con él.
- Decirle a Jeff que entiende los problemas que tiene con los demás, pero que quiere hablar de otras cosas.
- Dejar de creer que es la única persona que puede ayudar a Jeff.
- Ayudar a Jeff a gestionar sus problemas sin ofrecerle soluciones.
- Hacer saber a Jeff que hay temas en los que no piensa entrar, como las críticas a sus padres o a sus hermanos.

En lugar de intentar ser más tolerante con los demás, quizá sea hora de que cambies las cosas que ya no quieres seguir tolerando. Las personas de mi comunidad me preguntan con frecuencia cómo pueden aumentar su tolerancia ante determinadas conductas. Suelen ser planteamientos así:

«¿Cómo puedo gestionar los celos que me tiene mi madre? Siempre que le doy una buena noticia, me responde con un cumplido envenenado».

«¿Cómo puedo gestionar que mi hermana me siga tratando como a una niña?».

«¿Cómo puedo gestionar que mi padre se presente borracho a las celebraciones familiares?».

Siempre que oigo «gestionar», sé que se están esforzando en tolerar algo intolerable. Intentar gestionar conductas negativas produce resentimiento, no paciencia. Nunca, jamás, de ninguna manera podemos hacer cambiar a otro; por eso tantos de nosotros decidimos dejarnos llevar, porque parece más fácil que cambiar nosotros.

Intentar gestionar conductas negativas produce resentimiento, no paciencia.

Las etapas del cambio

Normalmente, las personas que acuden a terapia están en la etapa de precontemplación. Notan los efectos de aquellos problemas persistentes en su vida, pero no aciertan a identificar qué los causa. Muchas veces, las personas sufren ansiedad, depresión u otros problemas de salud mental sin entender qué subyace bajo los síntomas clínicos.

Los psicólogos James Prochaska y Carlo DiClemente estudiaron el proceso de cambio en las relaciones familiares disfuncionales y crearon un modelo para explicar cómo las personas llegan a estar preparadas para romper patrones consolidados. A continuación, presento una adaptación de ese modelo.

ETAPAS DEL CAMBIO

MANTENIMIENTO
- Eres constante con los cambios
- Lo que sientes ya no dicta qué toleras

ACCIÓN
- Comunicas tus necesidades
- Cambias lo que puedes cambiar en ti, sin intentar cambiar al otro

PREPARACIÓN
- Exploras la posibilidad de hacer cambios menores
- Eres inconstante con los cambios
- Intentas convencer al otro para que cambie
- Te comunicas más respecto a los problemas

CONTEMPLACIÓN
- Sopesas los beneficios del cambio
- Sientes emociones contradictorias
- Te sientes culpable

PRECONTEMPLACIÓN
- No tienes conciencia del problema
- Ocultas los problemas
- Excusas los problemas

Precontemplación

Por lo general, en la etapa de precontemplación del cambio carecemos de conciencia del problema. Sin embargo, sí que hay indicadores de su existencia. En esta etapa es habitual sentir resentimiento, desesperanza o impotencia, además de negar o excusar el problema, porque muchas veces sentimos desesperanza o resignación respecto a lo que sucede.

Estos pueden ser algunos indicadores de la fase de precontemplación en las familias:

Esperar que los demás cambien a pesar de que nada cambió, ni en ellos ni en nosotros.

Dar segundas, terceras y cuartas oportunidades para el cambio.

Repetirnos una y otra vez, con la esperanza de que el otro se entere.

La precontemplación puede sonar así:

«Siento que mi hermano se aprovecha de mí, pero es que siempre fue así».

«Mis padres no entienden a mi verdadero "yo"; solo ven lo que quieren ver».

«Mi hermana siempre me trata como a una niña. No entiende que ya crecí».

«Tengo que encontrar otra manera de gestionar las críticas de mi abuela. Tampoco es tan grave».

Contemplación

En esta etapa empezamos a ser conscientes de lo que sucede y a ver las cosas como son. Ahora sabemos de una forma consciente cuál es el problema, lo que suscita emociones contradictorias, como ambivalencia, culpa, vergüenza y arrepentimiento. Empezamos a explorar los posibles beneficios del cambio para la relación, para la otra persona y para nosotros mismos.

Cuando estamos en una relación disfuncional, es posible que no todo el mundo coincida en qué conductas son tóxicas y, a veces, la negación es la única manera de seguir adelante. Por desgracia, lo habitual es que se ignore un problema para mantener la paz en la familia. Por otro lado, la idea de ser conscientes nos puede dar miedo, porque nos obliga a ver las situaciones de una manera distinta y nos sentimos obligados a cambiar.

Diez motivos por los que permanecemos en una relación tóxica

1. Esperamos que vuelvan «los buenos tiempos».
2. Mantenemos la esperanza de que el otro cambie.
3. No concebimos la vida sin la otra persona.
4. Carecemos de los medios económicos para irnos.
5. Creemos que ser leal significa quedarse pase lo que pase.
6. No creemos que se las pueda arreglar sin nosotros.
7. Tememos equivocarnos.
8. Esperamos que sea el otro quien termine la relación.
9. No queremos hacer daño al resto de personas implicadas.
10. No estamos lo bastante hartos.

Muchos de mis pacientes llegan a terapia en el estado de contemplación y, con frecuencia, cuando la terminan siguen aún en ese mismo estado. Pensar en la posibilidad de cambiar es más asequible que cambiar de verdad, sobre todo si se trata de cambiar algo en la familia. En terapia, la contemplación puede durar años. Quizá te parezca una realidad desalentadora, pero los terapeutas llegamos a aceptar que es ahí donde debemos permanecer junto a los pacientes, hasta que estén preparados para pasar a la acción.

En mis primeros años como terapeuta me tomaba el bloqueo de los pacientes como algo personal. Ahora sé que ese es el lugar en el que habitamos muchos de nosotros: en el bloqueo. Y mi labor es ayudarte a salir de ahí.

Cuando hablamos de la familia, la ambivalencia nos puede impedir hacer esos cambios sanos que nos beneficiarían tanto a nosotros como al sistema al completo.

La contemplación puede sonar así:

> «Mi hermano se cree con derecho a todo».
> «Mis padres me quieren y saben quién soy en realidad».
> «Ya no soy una niña».
> «Los comentarios de mi abuela me hacen daño».

Si estás bloqueado en la etapa de contemplación, reflexiona sobre lo siguiente:

- ¿Cómo beneficiaría el cambio a tu salud mental y emocional?
- ¿A qué estás renunciando para seguir igual?
- ¿Quién sale beneficiado si no cambias?
- ¿Cómo te estás perjudicando al negar tus necesidades?

Preparación

En esta etapa, comenzarás a experimentar con pequeños cambios. Por ejemplo, en lugar de permitir que tu hermano siga bromeando sobre aquella vez que mojaste la cama cuando pasaste la noche en casa de un amigo, quizá digas algo como: «Por favor, deja de hacer bromas sobre este tema. Es humillante, no hace la menor gracia». Sin embargo, es posible que te falte algo de constancia una vez comiences a modificar el papel que desempeñas en la relación y lo que permites al resto de personas implicadas. Cambiar es difícil, pero puede ser muy beneficioso para ti.

En esta etapa, sería normal que comenzaras a leer más acerca del tema, que acudieras a un terapeuta, o que procesaras tus experiencias con amigos y familiares que te apoyen. Todas estas son estrategias útiles que validan tus experiencias y aumentan tu energía y tu potencia a la hora de afrontar cambios complejos. Es posible que hables más acerca de tus problemas y animes a otros a cambiar, de modo que no tengas que hacer todo el trabajo en solitario. (Te recuerdo que no puedes cambiar a los demás, pero sí animarlos a que cambien).

La etapa de preparación puede sonar así:

> «Cuando mi hermano me vuelva a pedir dinero, le daré un límite de tiempo para que me lo devuelva. Si no lo cumple, no le volveré a dejar dinero hasta que me haya devuelto la cantidad pendiente».
>
> «Cuando mis padres me comparen con la persona que era de pequeña, les pediré que estén presentes en el ahora y reconozcan que esta es la persona que soy hoy».
>
> «Cuando mi hermana intente darme consejos que no le pedí, le diré que necesito que me escuche, no que me diga lo que debo hacer».
>
> «Cuando mi abuela vuelva a hacer comentarios sobre mi peso, le pediré que pare».

Acción

En esta etapa, ya no te limitarás a hablar de lo que te gustaría cambiar. Ya aceptaste que te compete a ti cambiar tu vida, por mucho que los demás permanezcan igual. Pasaste de «pensar» a «hacer», de sentirte una víctima a adoptar una fuerza poderosa. Tu actitud es ahora más asertiva y más coherente con los cambios que te propusiste. En esta etapa necesitarás personas que te apoyen y te ayuden a esclarecer tus pensamientos, a procesar tus emociones y a ser constante con los cambios.

La etapa de acción puede sonar así:

«No permito que mi hermano se aproveche de mí».
«Soy yo mismo con mis padres».
«Actúo como una persona adulta en mi relación con mi hermana».
«No permito que mi abuela me critique».

Mantenimiento

En esta etapa, alcanzaste el paso superior del cambio y te comprometiste a elegir relaciones sanas. Es posible que sigas sintiendo cierta incomodidad, como sensación de culpa, vergüenza o cierta ambivalencia, pero no permitas que la incomodidad te impida elegirte a ti. Eres consciente de la tentación de recaer en los antiguos patrones de las relaciones, pero aprendiste a superar la tentación siendo constante al poner en práctica esta conducta modificada.

Al practicar una y otra vez las nuevas conductas, modificas el hábito de disfunción en una familia disfuncional. Por supuesto, esta tarea evoluciona y nunca está acabada del todo, porque el cambio es continuo.

Incluso cuando hayas cambiado, habrá momentos en los que se reactiven pensamientos o conductas anteriores. Cuando eso suceda, llévate de nuevo al presente y ofrécete compasión y comprensión. Superar patrones es muy difícil y evitar recaer en antiguas conductas es muy complicado. Sé consciente de que no siempre te saldrá a la primera.

Por ejemplo, Kelly está en el estado contemplativo de su relación con su hermano Jeff, mientras que sus otros dos hermanos están en el de mantenimiento.

No hay escalas temporales definidas para avanzar de una etapa a la siguiente, y habrá quien se quedará en una etapa concreta. Kelly expresó las siguientes preocupaciones:

- «¿Qué pensarán los demás?».
- «¿Quién lo ayudará si yo no lo hago?».
- «Es mi hermano y no puedo dejar de hablarle».

¿Qué pensarán los demás?

Es habitual que permanezcamos en situaciones que no nos gustan por miedo a lo que puedan pensar los demás. Hay sociedades y culturas que normalizan la aceptación del maltrato familiar. Por lo tanto, comunicar tu decisión a ciertas personas puede ser un proceso doloroso, y es muy probable que, a pesar de que la decisión que tomaste sea la más favorable, haya quien la considere inaceptable.

Cuando las personas juzgan la relación que mantienes con los miembros de tu familia, hablan desde su propia experiencia, que puede ser muy distinta a la tuya. Todo el mundo ve las normas familiares a través de la lente de su propia crianza, sumada a las actitudes y creencias adquiridas a lo largo de su proceso de aprendizaje y crecimiento personales.

¿Quién lo ayudará si yo no lo hago?

Si asumes que eres la única persona que puede ayudarlo, lo más probable es que sigas siendo la única ayuda de que disponga. Cada uno es responsable de construir su propia red de apoyo y, si lo hacemos todo por el otro, es posible que interfiramos en ese proceso.

Recuerda: Dar un paso atrás puede ser una manera fantástica de permitir que otros den un paso adelante para ayudar a la persona a la que estás ayudando en exceso y para que esta se empiece a ayudar a sí misma.

Es mi hermano y no puedo dejar de hablarle

Puedes querer mucho a alguien y, al mismo tiempo, negarte a que te trate mal, sea cual sea la posición que ocupe en tu vida. No hay una bula especial que permita a tus hermanos, padres, tíos, abuelos o primos tratarte mal.

Recuerda: El maltrato es una conducta tóxica, sea cual sea el papel que la persona en cuestión desempeñe en tu vida.

TÚ DECIDES CÓMO QUIERES SER DE ADULTO

De niña me encantaban las telenovelas. Peabo Bryson cantaba la sintonía de *One Life to Live* y entonaba: «*Cause we only have one life to live!*» («¡Porque solo se vive una vez!»). Y es cierto. Solo vivirás una vez y tú, solo tú, debes estar satisfecho con cómo la vives.

En tanto que persona adulta, eres tú quien decide:

Dónde trabajas.
A quién eliges como pareja.
Qué comes.
A quién le abres la puerta de tu casa.
Cómo inviertes tu tiempo.
Cómo quieres criar a tu hijo.
A quién das espacio en tu vida.

Lo que menos me gustaba de ser niña era tener que pedir permiso para todo. Detestaba tener que preguntar: «¿Puedo ir al cine?». Aguardaba impaciente el momento en que pudiera ir sin preguntar antes, o negarme a ir a casa de un familiar concreto. Libertad es poder decidir. A veces parece que, en lo que a la familia se refiere, carecemos de capacidad de decisión, pero no es así. Por supuesto, hay decisiones que cuesta mucho tomar. Sin embargo, no hacer nada también es una decisión, una decisión pasiva. En tanto que persona adulta, puedes decidir el tipo de vida y de relaciones que quieres. Estás contigo mismo todo el día y cada día. Eres la persona con la que pasarás más tiempo en toda tu vida.

Libertad es poder decidir.

Si decides pasar tiempo con la familia y la relación que mantienen es complicada, recuerda lo siguiente:

- Puedes aceptar a las personas tal y como son y, al mismo tiempo, no tolerar conductas tóxicas.
- Puedes decidir con qué frecuencia y durante cuánto tiempo te relacionas con alguien.
- Puedes decidir qué temas de conversación no se tocan.
- Puedes poner fin a cualquier comentario sobre temas que no quieres tocar.
- No tienes por qué intervenir en conversaciones acaloradas, discusiones o chismes.

No permitas que el miedo sea tu guía

«No quiero hijos, porque no quiero que acaben tan mal como yo», decía Trisha. Su madre, Doris, la había aterrorizado durante toda su infancia y temía hacer lo mismo con sus hijos si los tenía. Así que decidió no tenerlos.

Muchas veces permanecemos atascados en patrones disfuncionales por miedo a lo desconocido, a lo que no podemos controlar y a los «y si» que nos persiguen. La conciencia nos protege de repetir los ciclos, pero ¿y si pensáramos en los «y si» positivos en lugar de en los negativos?

«Y si» negativos

«¿Y si tengo hijos y los trato tan mal como mi madre me trató a mí?».

«¿Y si le pido a mi madre que me deje de hablar de sus problemas con mi tía y se enoja conmigo?».

«¿Y si dejo de asistir a la comida familiar de los domingos y creen que me volví un bicho raro?».

«Y si» positivos

«¿Y si tengo hijos y pongo fin al ciclo de maltrato?».

«¿Y si le digo a mi madre que me deje de hablar de sus problemas con mi tía y dejo de escuchar cosas negativas que interfieren en lo que siento por alguien a quien quiero?».

«¿Y si dejo de asistir a la comida familiar de los domingos y empiezo a elegir con quién quiero pasar mi tiempo?».

Motivos por los que decidimos cambiar

El cambio sucede cuando nos hartamos lo suficiente como para poner fin a las conductas que nos perjudican.

Nivel de hartazgo

El motivo más habitual por el que cambiamos es que nos hartamos. Nos hartamos de sentirnos de una manera concreta, de darle vueltas siempre al mismo problema, de tener que gestionar las conductas de los demás o de la falta de cambio. Es algo así como «estoy harto de estar harto». Básicamente, cambiamos cuando nos hartamos lo suficiente de una situación.

Aprendemos, por fin, a las malas

Como se suele decir, «la experiencia es la madre de la ciencia» y, cuando aceptamos que seguiremos recibiendo lo mismo que hasta este momento, el cambio se convierte en la única manera de salir adelante. Pero no se trata de cambiar a la otra persona, sino de cambiar de mentalidad, dejar de permitir nuestro propio sufrimiento. Así que decidimos salir del ciclo.

No cambiar afecta a nuestra calidad de vida

Elegirnos a nosotros mismos es la única manera de tener la vida que queremos. Llegados a un cierto punto, seguir igual equivale a elegir la disfunción.

Un acontecimiento vital nos obliga a cambiar

A veces cambiamos porque tenemos hijos y no queremos que sufran el mismo dolor que nos infligieron a nosotros. Un aspecto importante de romper con los ciclos transgeneracionales es que protegemos a nuestros hijos de quienes nos hicieron daño y no cambiaron, y al protegerlos de esa fuente de dolor, les permitimos romper el ciclo. Por otro lado, iniciar una relación de pareja nos puede ayudar a cambiar de postura respecto a nuestras relaciones familiares. Es posible que nos sintamos obligados a cambiar la manera en que nos relacionamos con nuestra familia si esta interfiere en nuestro matrimonio, nuestras amistades, la relación con nuestros hijos, el trabajo, etc., y queremos proteger esos espacios sagrados.

Pensamientos habituales que mantienen a las personas en sistemas disfuncionales

> «No puedo poner límites a mi familia».
> «La familia debe permanecer unida».

«La familia es la única que sigue ahí pase lo que pase».

«No hay nadie que te pueda querer más que tu familia».

«Es tu ___ [insertar el familiar problemático]; te tienes que relacionar con él (o ella)».

«Los trapos sucios se lavan en casa».

«Solo tienes un ___ [insertar el familiar problemático]. Tienes que superar lo que pasó, sea lo que sea».

Todas estas afirmaciones están orientadas a inducir una sensación de culpa y de vergüenza, para mantenernos conectados con relaciones y con creencias que nos perjudican. No tienen en cuenta en qué medida las relaciones familiares pueden provocar problemas de salud mental e interferir en nuestra capacidad para crecer como personas. Cualquiera que nos diga que debemos soportar que nos maltraten, porque «la familia es la familia», no está teniendo en cuenta nuestras necesidades, sino que antepone las del sistema o la de mantener las apariencias de que todo va bien.

La mayoría de las familias, incluidas las funcionales, tienen problemas. La diferencia entre las dinámicas familiares funcionales y las disfuncionales reside en cómo se gestionan los problemas cuando aparecen. Si se tapan, se ignoran, se silencian o se reprimen, el sistema es disfuncional. Si el problema se aborda, se hace responsables a las personas indicadas y se resuelven las dificultades, el sistema es funcional.

Las relaciones sin problemas no existen, y las hay muy problemáticas. En tanto que seres humanos, todos somos diferentes y cada uno tenemos nuestras dificultades, pero estas no tienen por qué incluir el maltrato, el abandono o la reiteración del daño.

EJERCICIO

Busca un cuaderno o un papel y responde a las siguientes preguntas:

- ¿De qué maneras defendiste o perpetuaste conductas disfuncionales en tu familia?
- Repasa el diagrama de las etapas del cambio (pág. 100) e identifica dónde estás respecto a tus relaciones familiares.
- ¿Por qué decidiste cambiar la relación con un miembro de tu familia?

CAPÍTULO 7

Vivir o sobrevivir

«Soy muy poco perseverante», me dijo Whitney. Tenía treinta y dos años y quería cambiar de patrones. Siempre que comenzaba a salir con alguien, el romance avanzaba rápidamente. De hecho, solía empezar a vivir con su nueva novia a los tres meses de empezar la relación, pero hacia el final del primer año se aburría y empezaba a salir con otras personas. Era sincera en su deseo de encontrar a «su pareja definitiva», pero su conducta hacía evidente que evitaba el compromiso a largo plazo.

Como un reloj, a los seis meses de salir con alguien, su pareja se empezaba a tomar en serio lo de planificar un futuro común, mientras que Whitney se empezaba a desvincular lentamente de la relación. Sin embargo, no era clara con su pareja respecto a sus intenciones. Y eso llevaba a finales explosivos y dramáticos.

Durante su infancia, sus padres discutían con frecuencia y a gritos. Se divorciaron cuando ella tenía dieciséis años y siguen odiándose. Su pauta de rupturas y reconciliaciones reiteradas no enseñó a Whitney cómo mantener una relación sana. Y aunque no soportaba el caos que imperaba en la relación de sus padres, ella estaba creando ahora su propia versión del caos.

Entonces conoció a Sabrina, que la vio venir y, a diferencia de lo que había sucedido en las relaciones anteriores, cuestionó su manera de hacer. Sabrina insistió en tomarse las cosas con calma. Sin embargo, Whitney se sentía cada vez más asustada y vulnerable a medida que detectaba las nuevas partes de sí misma que se revelaban en la relación. A pesar de todo, quería que esta funcionara.

Sabía que tenía que recurrir a modelos de conducta distintos a los de sus padres. De hecho, su madre le decía con frecuencia que era «igualita a su padre», una comparación que Whitney detestaba. Sin embargo, en ciertos aspectos era verdad. Sabía que tenía que adquirir nuevas habilidades, porque los antiguos patrones de mentiras, infidelidades y conductas pasivo-agresivas no eran efectivos.

Decidió acudir a terapia porque sabía que necesitaría ayuda para mantenerse firme en los cambios que estaba haciendo. Durante años, había culpado a sus parejas del fracaso de sus relaciones, pero durante la terapia comenzó a reconocer que ella también había contribuido al problema. Pudo entender que repetía dinámicas disfuncionales y así pudo empezar a desaprender las pautas que la perjudicaban y a aprender cómo estar en una relación de pareja sana. Las cosas pueden ser distintas a lo que siempre hicimos y a lo que siempre experimentamos en la familia.

Vivir o sobrevivir

Me gustan las plantas y, como jardinera aficionada, me doy cuenta de cuándo mis plantas están vivas de verdad (florecen, se ponen frondosas y superan lo que esperaba de ellas) y cuándo se limitan a sobrevivir (están medio mustias, apenas tienen color, simplemente existen). Cuando crecemos en medio de una disfunción, podemos sucumbir ante esta, podemos sobrevivirla o podemos superarla saliendo airosos. En el capítulo anterior, comenté algunos de los motivos por los que las personas sucumbimos a la disfunción y algunos de los obstáculos que frenan el cambio. Es habitual decir que las personas podemos «sobrevivir» a una familia disfuncional; sin embargo, no es tan frecuente que reconozcamos que podemos vivir plenamente y prosperar a pesar de tener una familia disfuncional.

El hecho de que prosperemos sugiere que el entorno en el que crecimos nos afectó, sí, pero que nuestra personalidad, nuestra determinación y nuestra esencia pudieron superar las condiciones de nuestro entorno. Nunca sabremos quiénes hubiéramos sido de haber crecido en un entorno distinto. Sin embargo, hay personas que desafiaron al futuro que predecían sus circunstancias.

Sobrevivimos cuando no repetimos el ciclo, pero prosperamos cuando creamos un legado y una trayectoria nuevos. La conciencia y el esfuerzo consciente marcan la diferencia entre prosperar y sobrevivir. Desde la conciencia, podemos crear una vida distinta y convertirnos en «rompedores de ciclos».

Prosperamos cuando creamos un legado y una trayectoria nuevos.

Rompedores de ciclos

Los rompedores de ciclos son personas que ponen fin de forma consciente a una pauta de disfunción familiar. Cuando somos los primeros, lo más habitual es que nos enfrentemos a la resistencia de otros miembros de la familia, porque cuestionamos lo que había sido la norma hasta entonces.

Ser el primero no es fácil, porque debemos aprender de manera autodidacta gran parte de lo que necesitamos saber para conseguirlo. Tenemos que aprender a ser personas distintas con muy poca orientación y, en ocasiones, ningún apoyo por parte de la familia. Los rompedores de ciclos están dispuestos a desaprender lo que no les resulta útil e ir más allá de lo que conocen para crear la mejor vida posible.

Retos a los que se enfrentan los rompedores de ciclos

- Ser constantes en la toma de decisiones que les beneficien.
- Gestionar el remordimiento o la culpa del sobreviviente.
- Afrontar el síndrome del impostor.
- Establecer un sistema de apoyo saludable.
- Ser transparentes respecto a su historia, por miedo a ser juzgados.
- Encontrar una comunidad de personas con experiencias similares.
- Recordar que deben cuidar de sí mismos.
- Aprender a estar con personas que proceden de familias tradicionales.
- Aprender a adaptarse a entornos en los que no tienen experiencia.
- Imponer límites respecto a la frecuencia y la manera en que pueden ayudar a otros.

A veces, decidir cambiar significa que nos tenemos que distanciar de las personas que no cambiaron, o que defienden conductas no saludables. Dejar atrás a seres queridos que no quieren cambiar puede ser difícil y nos puede acabar convirtiendo en un extraño para nuestra propia familia.

Los cambios que aplicamos en nuestra vida pueden afectar también a cómo se ven a sí mismos los demás. Las relaciones familiares son importantes para los rompedores de ciclos, que saben que algunas de ellas cambiarán cuando ellos empiecen a cambiar. Si eres el rompedor de ciclos de tu familia, es posible que otros tengan dificultades para aceptar los cambios, porque te conocieron antes de que empezaras a conocerte a ti mismo. Tal vez les cueste desprenderse de la imagen de quién creen que eres. Cada vez eres más tú y es posible que eso sea difícil de aceptar para quienes te quieren ver de una única manera: la que les conviene a ellos.

Las familias disfuncionales se toman el cambio como algo personal

El cambio puede interpretarse como un rechazo, incluso cuando es para mejor. Puede suponer una amenaza para un sistema fracturado, porque se sobreentiende que, como nosotros estamos cambiando, todos los demás también deben hacerlo. De hecho, es cierto que, si cambiamos, los sistemas a los que pertenecemos también tendrán que cambiar, como mínimo en la manera como los vemos.

Cuando alguien nos rechaza porque decidimos cambiar, lo puede verbalizar así:

> «Te crees mejor que nosotros».
> «No te criamos así. ¿Por qué tienes que cambiar ahora?».
> «Antes ya te iba bien así».
> «Haces cosas muy raras».

Aunque los demás puedan tomarse los cambios como algo personal, nosotros no tenemos por qué tomarnos su rechazo como algo personal. Recuerda que cambiar es difícil y que, muchas veces, las críticas al cambio proceden de personas que se resisten a hacerlo.

Hace falta mucho valor para abrirse y reconocer con sinceridad las dificultades familiares. Por desgracia, no podemos obligar a nadie a ser valiente.

Ser una víctima puede ser más cómodo que tomar las riendas

Ser victimizados no significa necesariamente que nos convirtamos en víctimas. La gente nos puede hacer cosas, pero eso no significa que nuestra vida deba convertirse en un reflejo de lo que nos hicieron. El victimismo nos lleva a creernos impotentes, incluso en situaciones en las que ostentamos todo el poder. Una vez, una mujer de cuarenta años me dijo que no había ido a la universidad, y que nunca podría ir, porque sus padres nunca le habían dicho que pudiera hacerlo. No había tomado las riendas de su capacidad para asumir la responsabilidad sobre su propia vida. A los cuarenta años seguía responsabilizando a sus padres de lo que ahora podía crear por y para sí misma.

No somos víctimas de nuestras circunstancias. Somos quienes decidimos ser, a pesar de nuestras circunstancias, o como consecuencia de ellas. Es posible que el trauma forme parte de nuestra historia, pero en ningún caso es todo lo que somos. Aunque la disfunción afecta a la seguridad que tenemos en nosotros mismos y a nuestro deseo de arriesgarnos, si nos lo proponemos, podemos ganar seguridad y confianza.

El victimismo suena así:

> «Mis padres nunca me enseñaron a ___; por lo tanto, no puedo ___».
> «No es culpa mía que no me enseñaran a ___».
> «Mis padres me criaron así, no puedo hacer nada para cambiarlo».
> «No soy responsable de cómo crecí».

Cómo romper con el patrón de victimismo

- No te excuses por lo que no puedes controlar.
- Decide avanzar a pesar de lo sucedido.
- Deja atrás el rencor.
- Reconoce que no eres perfecto.
- Explora qué aprendiste.
- Practica la asertividad.
- Deja de compararte con los demás.
- Encuentra maneras de cuidar mejor de ti mismo.
- Entiende qué sientes y aprende a expresar tus emociones.

- Minimiza o elimina el hecho de sentir lástima por ti mismo (te bloqueará).
- Identifica lo que sí puedes controlar (toma las riendas).

Una manera excelente de dejar atrás la mentalidad de víctima y de asumir la responsabilidad sobre nuestras vidas es pensar en lo que aprendimos de nuestras experiencias. Por ejemplo:

Como mis padres eran adictos al trabajo:

Desarrollé relaciones estrechas con otras personas adultas fuera de mi círculo familiar que siguen actuando como figuras paternas.

Aprendí a ir al grano, porque mis padres se mostraban impacientes cuando me iba por las ramas.

En el caso de Whitney, que conocimos al principio del capítulo, tomar las riendas podría sonar así:

Mis padres no me enseñaron lo que necesitaba saber acerca de las relaciones sanas. Lo aprenderé leyendo, relacionándome con personas que mantengan relaciones sanas y yendo a terapia.

Enseñarte a ti mismo lo que nunca se te enseñó es una de las maneras más potentes de convertirte en un rompedor de ciclos.

SÉ TU MEJOR MAESTRO

Para empezar, mira a tu interior para entender qué es lo que no funciona en la dinámica de tu familia. Confía en que sabes cuándo algo no parece correcto o no te conviene. No hay necesidad de esperar la validación de los demás.

La pregunta más importante que debes responder es: «¿Qué quieres para ti?». Recuerda que es posible que eso que quieres para ti no exista en estos momentos en tu familia.

Quizá seas la primera persona de tu familia que:

Toma decisiones saludables respecto a las relaciones.
Toma decisiones por sí misma.
Pone límites.
Exige que los demás asuman la responsabilidad que les corresponde.
No va a la universidad.
Va a la universidad.
Practica una religión distinta.
No practica ninguna religión.
Cuestiona el *statu quo*.
No se casa.
Se casa.
Es abiertamente LGBTQIA+.
Va a terapia.
Afronta el trauma.

Prevenir la disfunción cuando vemos características similares en nosotros

A veces, al haber crecido en una familia disfuncional, puede ser complicado distinguir qué es disfuncional y qué no. No te culpes por no tener las cosas más claras y trabaja para ser más consciente.

La conciencia te permitirá ver qué debes cambiar. Quizá te descubras reproduciendo la conducta de personas a las que no quieres emular y eso te motive a cambiar, porque te será fácil ver en qué quieres trabajar. Sin embargo, no basta con ser consciente para cambiar. La única manera de hacerlo es pasar a la acción.

Así puedes cambiar la persona que llegaste a ser como consecuencia de tu entorno:

Reconocer aquello que quieres cambiar

Quizá te ayude hacer una lista de los patrones o problemas de tu familia que querrías cambiar en ti. Luego repásala y reflexiona acerca de cómo te afectan en la actualidad esos temas y de qué maneras manifiestas tú algunas de las conductas que no te gustan en los demás.

Reconocer tus carencias y no culparte

Antes no sabías que no sabías. Ahora que estás adquiriendo conciencia, toma las riendas de esta oportunidad para cambiar. Sí, tu familia es disfuncional, pero si no cambias, estarás decidiendo perpetuar el *statu quo*. Te estarás negando a cambiar lo que puedes cambiar. Ya no son ellos. Eres tú.

Dar pequeños pasos de mejora

No conviene que intentes cambiarlo todo de golpe. Sin embargo, sí que puedes empezar a aplicar pequeños cambios en lo que dices, lo que piensas y lo que haces.

Si tu infancia fue disfuncional, ahora que eres una persona adulta puedes:

- Formar una familia con personas afectuosas que se apoyan mutuamente (amigos, vecinos, personas mayores).
- Definir límites sobre cómo permitirás que la gente esté en tu vida.
- Decidir qué relaciones de tu familia de origen vale la pena conservar.
- Encontrar modelos ajenos a la familia y aprender de ellos.
- Crear nuevas tradiciones para las vacaciones y las festividades.
- Quedarte y aprovechar las partes de tu infancia que son funcionales y desechar el resto.
- Encontrar una comunidad de personas que también estén sanando (no eres la única persona en el mundo así).

Sé el denunciante de la familia

Normalmente, quien pone los problemas sobre la mesa es alguien con la valentía suficiente para agitar las aguas. Sé esa persona en tu familia. Es posible que tu grado de exposición al resto del mundo sea distinto al de otros miembros de tu familia. Por lo tanto, quizá seas más consciente de que hay maneras más saludables de criar a los hijos, de gestionar las emociones sin automedicarse, o de gestionar las finanzas. Puedes mostrar o hacer saber a los demás que hay conductas que no seguirás reproduciendo, pero sin decirles que ellos también deben cambiar.

En una familia disfuncional, los pequeños cambios pueden ser algo así:

- Liz nunca oyó a su madre decir «te quiero». De adulta, Liz comienza a decirle a su madre que la quiere y, al cabo de unos meses, su madre empieza a decirle que la quiere.
- De niño, Brent estaba acostumbrado a recibir maltrato físico incluso por faltas leves, así que decide que él no lo hará con sus hijos. Cuando los miembros de su familia manifiestan su oposición a esta manera «moderna» de criar a los hijos, les dice que él decidió hacer las cosas de otra manera.
- Kim empezó a beber alcohol a los doce años, animada por su padre, que no veía nada de malo en que se tomara una cerveza de vez en cuando. Cuando Kim cumplió veintitrés años, dejó de beber con su padre.

La familia no es nuestro único maestro, sino que tenemos muchos. Busca maneras saludables de vivir más allá de la familia. Si no aprendiste algo en casa, puedes hacerlo en muchos otros sitios. «Nadie me enseñó» no es motivo para rendirse.

Puedes aprender mucho de la familia, pero también puedes aprender mucho:

Leyendo libros, periódicos o revistas.
Escuchando pódcast.
Viendo la televisión.
Observando cómo se relacionan otras familias.
Descubriendo otras culturas.
Viajando.
Yendo a terapia (individual, de pareja o de familia).
Consultando las redes sociales.

Si tus relaciones familiares son complicadas, es normal que ocurra lo siguiente:

Sientes envidia de personas que tienen relaciones familiares más ideales. Ver a otros viviendo la vida que tú querrías vivir puede ser doloroso. Es importante que recuerdes que no elegiste a tu familia, del mismo modo que la persona a la que envidias no eligió a la suya. Sé consciente de tu energía cuando te des cuenta de que tienes celos. Sé amable contigo mismo, pero evita que la envidia tome las riendas de tus emociones.

Te preguntas si serías una persona diferente de haber vivido experiencias distintas. Jugar al «¿y si...?» es arriesgado, porque te arrastra a una fantasía que nunca podrás controlar.

No hablas de tu familia porque temes que los demás no te entiendan. Habrá personas que se atreverán a decirte cómo deberías tratar a tu familia a pesar de que no tienen ni idea de lo que viste. El consejo más sencillo que te puedo dar es que hagas caso omiso, pero sé que eso puede ser muy difícil. Así que responde en lugar de hacer oídos sordos. Envíales el mensaje de que su opinión no es bien recibida.

Puedes responder así a quienes no están de acuerdo con tus creencias acerca de la familia:

«Parece que tu familia y la mía son distintas. Entiendo tu postura y espero que tú entiendas la mía».

«Cada familia es un mundo».

«Te ruego que no me digas cómo me he de relacionar con mi familia».

«Esta es mi manera de gestionar los problemas con mi familia».

Pasas por alto problemas importantes para mantener la relación. Es posible que, para mantener la paz, pases por alto problemas importantes en las relaciones. Sin embargo, mantener la paz no es que el otro esté tranquilo mientras tú no lo estás. Con el tiempo, los problemas que se ignoran se hacen más grandes.

Haces ver que las cosas van mejor de lo que van en realidad. Las apariencias importan en muchas familias. En el intento de parecer «normal», quizá hagas cosas por obligación o para mantener un estándar social en lugar de actuar con autenticidad. Fingir es una estrategia de afrontamiento que sirve para aliviar la sensación de culpa y la vergüenza. Te convences de que si parece que todo va bien, es que todo va bien. Así que publicas fotografías e historias *online* que muestran una relación perfecta con tu madre cuando la verdad es muy distinta.

Intentas ser lo opuesto a tu familia. Ser justo lo contrario que la familia de origen no siempre es lo mejor, porque, incluso en los sistemas disfuncionales, puede haber cosas que funcionen bien. Julie me dijo: «Mi madre era una adicta al trabajo, pero siempre nos acostaba a mis hermanos y a mí, sin falta». Las personas podemos ser más de una cosa y, por lo tanto, no ser completamente malas. Es posible que en tu familia haya algunas cosas que funcionan bien y que no te importaría repetir.

Te cuesta mantener una relación sana con tu familia. Es posible que, una vez llegada la adultez, te cueste ver la manera de coexistir con algunos miembros de tu familia que te hicieron daño de niño. No hay una definición de familia «normal» y tú eres el único que puede definir qué te parece adecuado en tus relaciones. El contacto infrecuente puede ser normal, como también lo puede ser hablar a diario con un familiar.

EJERCICIO

Busca un cuaderno o un papel y responde a las siguientes preguntas:

- ¿Cuáles de tus hábitos se parecen a los de tu familia de origen?
- ¿Qué pequeños cambios intentaste establecer en tu familia?
- ¿Cuál es tu definición de familia «normal»?

CAPÍTULO 8

Gestionar la relación cuando la otra parte no quiere cambiar

Cuando Tiffany era pequeña, su madre, Rita, siempre tenía problemas económicos. Las desahuciaron y les cortaron la luz y el agua en tantas ocasiones que tuvieron que mudarse a casa de distintos familiares. La madre de Rita, la abuela de Tiffany, las había acogido y ayudado en varias ocasiones, pero había fallecido hace diez años.

Entonces le tocó a Tiffany empezar a cuidar de su madre. Llevaban siete años en una especie de montaña rusa. Rita vivía sola durante un tiempo, pero al cabo de unos meses tenía que volver a casa de Tiffany, porque no podía pagar las facturas. Rita trabajaba a jornada completa, pero no sabía gestionar el dinero y Tiffany creía que nunca podría dejar de ayudar económicamente a su madre. Sin embargo, estaba enojada, porque era madre soltera y tenía que mantener a sus dos hijos.

Incluso durante la universidad, cuando solo trabajaba a media jornada, Tiffany encontró la manera de enviar dinero a su madre para evitar que la desahuciaran. A causa de lo vivido en su infancia, Tiffany se aseguró de ser lo contrario que su madre. Ahorraba tanto como podía, llevaba un control estricto de sus finanzas, pagaba las facturas a tiempo y tenía una cuenta de ahorro. Con valentía y sin ayuda, decidió ser más responsable económicamente, porque quería crear un resultado distinto para ella y para sus hijos.

Sin embargo, se sentía obligada a ayudar a su madre. Al menos, Rita se había quedado y lo había hecho lo mejor que había podido y sabido, mientras que el padre de Tiffany nunca estuvo presente físicamente y tampoco las ayudó casi nada en lo económico. A Tiffany le costaba aceptar a su madre y la sermoneaba con frecuencia por su mala gestión del dinero. Sin embargo, parecía que a Rita le era imposible satisfacer las expectativas de su hija.

Tiffany sabía que su madre siempre había sido irresponsable con el dinero, pero pensaba que era porque no la quería escuchar ni seguir sus sabios consejos. Desconocía que Rita se enfrentaba a sus propias barreras internas y tenía la esperanza de aprender a ayudar a su madre sin estar siempre tan resentida.

Es importante saber que dos cosas distintas pueden ser ciertas a la vez. Puedes amar a tu familia y, al mismo tiempo, haber sufrido heridas profundas como consecuencia de tu relación con ella. Tiffany necesitaba aceptar la dualidad de querer a su madre y, al mismo tiempo, sentir que esta le había hecho daño.

Los padres son personas con hijos

Recuerda que los padres ya eran personas antes de tener hijos. Y tener hijos no necesariamente nos hace más responsables, sabios y comprensivos, menos iracundos, o cualquier otra cosa. Ser padre o madre no significa nada más que ser un ser humano con hijos.

Crecer significa ver a los padres como personas, más allá de su rol de progenitores. Antes de ser la madre de Tiffany, Rita ya era Rita, pero sin hijos. Es posible que su manera de gastar dinero no fuera tan perjudicial cuando estaba sola, sin la obligación de cuidar de nadie más. Es posible que el costo de criar a un hijo no se alineara con su manera de vivir la vida. Sí, era responsable de su hija, pero no podía mantenerse a sí misma y a otro ser humano.

Es lógico que esperemos que nuestros padres evolucionen y mejoren para cuidar de nosotros, pero seguirán siendo quienes son hasta que den algún paso para cambiar. Rita puede cambiar, pero debe estar dispuesta a hacerlo. Los seres humanos somos complejos y cambiar quienes somos puede ser un proceso complicado.

No podemos cambiar a los demás, así que no esperemos que cambien

Llegar a la aceptación no es fácil, pero sí que nos permite vivir más en paz. Cuando la solución al problema es que «son ellos los que tienen que cambiar», este no se solucionará nunca. Solo podemos controlar nuestra parte de la banqueta. No podemos hacer que los demás corten su césped, no tiren papeles al suelo o hagan cualquier otra cosa en su parte de la banqueta. Solo tenemos autoridad para hacer lo que nos corresponde a nosotros si queremos coexistir con personas que no quieren o no pueden cambiar. Si no quieres cortar la relación, debes adquirir herramientas que te permitan aceptar la situación tal y como es.

Solo podemos controlar nuestra parte de la banqueta.

Las personas no somos piezas de Lego. No podemos decidir cómo queremos que sean los demás. La aceptación consiste en permitir que sean quienes son, tanto si estamos de acuerdo con ellos como si no. Esto no implica que debamos rendirnos. Lo que significa es que aceptamos lo que hay y hacemos las paces con su existencia. Luchar contra la aceptación causa un caos permanente en las relaciones. Aceptar no significa tolerar conductas que nos perjudican, sino decidir cómo queremos gestionar lo que no podemos cambiar de los demás.

Fui a una escuela pública de Detroit y, al principio del primer curso, la maestra anunció que no interrumpiría ninguna pelea durante sus clases. Lo primero que pensé fue que su clase sería una pelea detrás de otra. Sin embargo, sucedió todo lo contrario. Solo recuerdo una durante todo el curso.

Es posible que los niños quieran pelear, pero esperan que los adultos intervengan y pongan paz. Cuando la maestra anunció que permitiría las peleas, nos obligó a plantearnos si ese era el entorno adecuado para una situación caótica en la que no intervendría nadie. Al aceptar que las peleas eran inevitables, nos ayudó a decidir ser mejores por iniciativa propia. Permite que los demás cambien sin decirles qué deben cambiar.

Definir límites cuando no podemos cambiar a los demás

Lo único que podemos cambiar es cómo reaccionamos ante los demás. En el caso de mi maestra, la decisión fue: «No pondré en peligro mi integridad física interfiriendo en las peleas».

Estos podrían ser algunos límites saludables para Tiffany:

- Dejar que su madre viva con ella si contribuye ayudando con los niños.
- Reservar un importe fijo mensual para ayudar a su madre.
- Invitar a su madre a quedarse a largo plazo para evitar las idas y venidas.
- Ir a terapia para procesar el resentimiento.

Estos no son límites saludables para Tiffany:

- Obligar a su madre a ahorrar.
- Sermonearla cuando gasta demasiado.
- Avergonzarla para que cambie de conducta.

Hacer que el otro se avergüence no lo ayuda a mejorar

Los estudios demostraron que avergonzar a los niños no solo no los ayuda a cambiar de una manera positiva, sino que los vuelve más agresivos. Ya se trate de niños o de adultos, avergonzar a otros merma su autoestima y los impulsa aún más a manifestar conductas no deseadas. De hecho, muchos estudios indican que avergonzar a alguien por pesar demasiado solo consigue que engorde más. Por lo tanto, avergonzar al otro no es una herramienta efectiva para lograr nada, por mucho que la sigamos usando para intentar cambiar a los demás.

En la película *Cara de guerra*, uno de los soldados es humillado y ridiculizado por su sargento y por sus compañeros, que se burlan de su falta de forma y de su supuesta falta de inteligencia. La humillación le acaba provocando una crisis nerviosa que desemboca en un homicidio y, al final, en su muerte por suicidio. Ciertamente, esa no es la conducta que esperamos de alguien a quien queremos convertir en mejor soldado.

La vergüenza no es un agente de cambio, sino una manera de hacer que el otro se sienta muy mal por ser tal como es. Tenemos que asumir la realidad de que en ocasiones las personas pueden cambiar y otras en las que no. Desde fuera, es muy difícil determinar quién puede cambiar o no, a qué barreras se enfrenta, o qué obstáculos le plantea su propio diálogo interior. Presionar a otros para que cambien impide que cambiemos lo que sí podemos controlar.

Haz lo que te corresponde

En muchos casos, las personas permanecen en relaciones disfuncionales y siguen teniendo dificultades porque carecen de las herramientas necesarias para construir una relación más sana. Creen que la única manera de que algo mejore es que la otra persona cambie.

Podemos modificar nuestras creencias acerca de las capacidades del otro, recalibrar nuestras expectativas y mantener conversaciones duras que pueden cambiar la relación. Sin embargo, por mucho que nos empeñemos, no podemos cambiar al otro. Cuando vemos que alguien cambia por otra persona, el cambio no suele ser duradero, porque solo hace ver que quiere cambiar, pero no puede mantenerlo durante demasiado tiempo. Es muy difícil hacer ver que queremos algo que en realidad quieren los demás. Todas las personas que habitan en este mundo (incluyendo a nuestro padre, madre, hermana, hermano, etc.) tienen derecho a vivir como quieran. Cada uno tiene que querer cambiar por sí mismo. Aceptarlo no es fácil, pero sí necesario si queremos dejar de discutir con los demás porque no son quienes queremos que sean.

Cosas que podemos cambiar cuando la gente no cambia

Nuestras creencias acerca de las capacidades del otro

Uno de mis libros favoritos sobre finanzas personales es *You Only Live Once*, de Jason Vitug, que trata de principios de gestión económica muy centrados en la actitud. Tiffany intenta cambiar la actitud de su madre, pero Rita no está interesada en cambiar, por mucho que sufra las consecuencias de sus hábitos a la hora de gastar. No está lista para cambiar.

Quizá a Tiffany le sería útil reflexionar sobre lo siguiente:

- Gestionar el dinero no es fácil; por eso hay tantos libros que hablan del tema.
- Las costumbres nos resultan familiares.
- Hacer algo distinto no siempre es tan fácil como parece.

Nuestras expectativas

Tener expectativas es saludable, pero deben basarse en la persona, no en la función que esta desempeña en nuestras vidas. Convertirnos en padres no significa que aprendamos a gestionar nuestras finanzas de un día para otro y tampoco nos concede habilidades de gestión del dinero como por arte de magia.

Quizá a Tiffany le resultaría útil reflexionar sobre lo siguiente:

- «A mi madre le cuesta gestionar su economía».
- «Mi madre no quiere cambiar su manera de pensar».
- «A mi madre se le dan bien muchas cosas, pero gestionar el dinero no es una de ellas».

Nuestras conversaciones y propuestas

Dejemos de fingir que todo es normal y renunciemos a guardar silencio para mantener la paz. Las relaciones sanas exigen conversaciones difíciles y límites sólidos.

Quizá a Tiffany le sería útil reflexionar sobre lo siguiente:

- Cómo quiere ayudar a su madre y cómo enunciar sus propuestas:

  «Estoy dispuesta a dejar que te quedes en casa indefinidamente».

  «Dejaré que te quedes en casa durante un año y, pasado ese tiempo, querría que estuvieras en disposición de irte».

- Cómo comunicar sus expectativas:

  «Mientras vivas aquí, quiero que te hagas cargo de la factura de la electricidad».

  «Tener un presupuesto para los gastos domésticos nos ayudaría a las dos».

- Qué decirle a su madre cuando no respete los límites económicos:

«Te comprometiste a pagar la electricidad y vas con retraso. Dame el dinero antes del viernes».

«Te comprometiste a cuidar de los niños los martes. La próxima vez, asegúrate de estar disponible».

Ayuda o dependencia

Cuando ayudamos a los demás, es crucial que seamos conscientes de la diferencia entre ayudar al otro o hacerlo dependiente. Ayudar a los demás no te perjudicará, pero hacerlos dependientes de ti, sí.

Estas conductas promueven la dependencia y no son útiles:

- Excusar las decisiones negativas de otros.
- Ignorar que alguien tiene un problema.
- Hacer cosas por ellos cuando las podrían hacer solos.
- Solucionar los problemas del otro en lugar de ayudarlo a encontrar soluciones por sí mismo.
- Ofrecer dinero y recursos cuando no lo podemos hacer cómodamente.
- Impedir que el otro sufra las consecuencias de sus actos.
- No imponer límites acerca de cómo ayudar a los demás.

La distancia como estrategia de afrontamiento

Si tenemos sentimientos encontrados ante la idea de quedarnos en una relación y no estamos preparados para irnos todavía, podemos poner algo de distancia con esa persona. Distanciarse es estratégico y puede comenzar con el pequeño paso de estar menos disponibles para la otra persona.

En las familias disfuncionales, tener una conversación acerca de tu necesidad de disponer de espacio puede acabar de una de estas dos maneras: la solicitud se respeta o la relación sale perjudicada. Sabemos qué miembros de la familia podrán gestionar bien una conversación sobre tu necesidad de espacio, y cuáles llevarán mejor que tomes distancia sin dar una explicación previa.

Estas son algunas de las razones por las que podemos necesitar un respiro:

- Relacionarnos con la otra persona afecta negativamente a nuestra energía.
- Nos frustramos o nos enojamos con facilidad cuando estamos con esa persona.
- Sentimos que no se respetan nuestros límites.
- Sentimos incomodidad siendo nosotros mismos con esa persona.
- Estamos en etapas de la vida distintas.

A medida que los intereses y las prioridades cambian, las personas con quienes nos relacionamos también pueden cambiar. Si, por ejemplo, te empiezas a interesar por las plantas, es posible que te quieras rodear de personas aficionadas a la jardinería. Del mismo modo, si todos tus amigos se están divorciando y tú estás intentando que tu matrimonio funcione, quizá sea buena idea no pasar mucho tiempo con ellos. Tienes derecho a centrarte en tus necesidades y a darte un respiro.

Por otro lado, debemos diferenciar entre ignorar a la otra persona y distanciarnos de ella. Aunque con ambas cosas se puede lograr el objetivo de crear espacio, ignorar a alguien es pasivo y carece de intención. El distanciamiento es un proceso intencional que nos permite mantener la relación.

Distanciarse puede adoptar distintas formas:

- Dejar que salte el contestador cuando nos llama el otro y devolver la llamada cuando estemos del humor adecuado para hablar.
- Desviar la conversación de los temas que nos incomodan.
- Rechazar directamente una invitación.
- No pedir ayuda en áreas concretas de nuestra vida.

Ignorar al otro podría ser así:

- No devolver las llamadas.
- Bloquear por completo al otro.
- Responder de forma indirecta cuando se nos pide algo.

Distanciarnos nos permite mantener la relación y, al mismo tiempo, proteger el espacio que necesitamos, siempre que el otro respete los límites. Por supuesto, es posible que el distanciamiento no sea posible en relaciones de maltrato en las que el otro no respeta los límites que intentamos establecer. Relacionarse menos con alguien puede ser una manera de mantener la relación.

Cambio de funciones

Que se nos conozca por ser de determinada manera no significa que tengamos que ser siempre así. Podemos cambiar la función que desempeñamos en la familia para que encaje con la persona que somos hoy. Que fueras la persona responsable de la familia no significa que lo debas ser siempre. Antes eras el callado, pero ahora ya no. ¿Quién eres en realidad, al margen de las etiquetas que se te hayan asignado? Comienza por ser tú mismo en tu familia para cambiar la función que desempeñas en esta.

Es posible que, al principio, el resto de tu familia se sorprenda al ver los cambios. Dales espacio para expresar la sorpresa, pero no vuelvas a una versión de ti mismo que ya no encaja con lo que intentas crear en tu familia.

La aceptación lleva a la paz

Vale la pena volver a hablar de la aceptación: no permitas que los demás te irriten solo por ser tal como son. Si los demás no cambian, podemos cambiar cómo reaccionamos ante ellos. Tiffany decidió dejar de alterarse por cómo gastaba el dinero su madre y así halló la paz. Esto no significa en absoluto que ignore la conducta ni que permita que esta la perjudique.

Si los demás no cambian, podemos cambiar cómo reaccionamos ante ellos.

Si no sabes cómo responder, piensa en cómo gestionaste conductas no deseadas en el pasado y prueba algo distinto. Decide cómo te gustaría responder en el futuro y comienza a dar pequeños pasos hacia esa manera de responder que te resulta más positiva en lugar de recaer en patrones familiares disfuncionales.

Tampoco pasa nada si te irritas, y no tienes por qué fingir que no es así. Sin embargo, trabajar la aceptación y el cambio de funciones te puede ayudar a mantener la calma.

Si te quieres seguir relacionando con personas que no quieren cambiar, tendrás que cambiar tú, porque tendrás que trabajar para aceptar la situación y hacer acopio de paciencia para afrontar lo que escape a tu control. Recuerda que afrontar determinadas conductas problemáticas es una elección. Si decides mantener una relación porque Vale la pena hacerlo, significa que decides quedarte, aunque tengas que trabajar para aceptar a la otra persona.

No podemos elegir a nuestra familia, pero sí a quién queremos en nuestra vida. Todas las relaciones adultas son fruto de una elección. Nadie nos obliga a quedarnos en relaciones disfuncionales y, hasta que no nos comprometamos a tomar decisiones distintas, nos seguiremos enfrentando a los mismos problemas.

Todas las relaciones adultas son fruto de una elección.

Dite lo siguiente: «Decido permanecer en esta relación a pesar de ser como es. No estoy atrapado, no me siento impotente. Tomé una decisión».

EJERCICIO

Busca un cuaderno o un papel y responde a las siguientes preguntas:

- ¿De qué maneras intentaste cambiar a alguien de tu familia?
- ¿De qué maneras necesitarías cambiar cómo gestionas determinadas conductas problemáticas?
- ¿Qué puedes controlar tú en la relación?

CAPÍTULO 9

Poner fin a la relación cuando la otra parte no quiere cambiar

Los padres de Jacob no se casaron nunca y su padre, Bruce, había sido una presencia intermitente en su vida. Bruce presentaba lo que parecían síntomas de trastorno de estrés postraumático (TEPT) y brotes depresivos, aunque nunca recibió un diagnóstico formal. Solía mostrarse agitado y paranoide, y se encerraba en sí mismo o agredía verbalmente a quien fuera, lo que interfería en su capacidad para llevarse bien con los demás. Todo el mundo (excepto Bruce) sabía y aceptaba que tenía problemas de salud mental. Acostumbraba a dar el espectáculo en los eventos familiares, ya fuera discutiendo o haciendo una escena.

Jacob estaba harto del caos constante y quería poner fin a la relación con su padre. Ya había probado varias estrategias, desde cambiar él o aceptar la situación a ignorar la mala conducta de su padre. Sin embargo, esta no hacía más que empeorar, y cada vez había más cosas que Jacob tenía que perdonar y aceptar luego.

Jacob invirtió varias semanas en intentar convencer a su padre para que fuera a terapia, pero Bruce se puso a la defensiva y, como siempre, culpó a los demás de sus problemas. Unas veces los atribuía a su infancia, y otras veces acusaba a la gente de tratarlo mal. Cada vez que Jacob intentaba hablar con él de algo importante, su padre se bloqueaba y desaparecía durante semanas o meses.

Jacob pensaba en cómo afectaría al resto de la familia que él cortara la relación con su padre, pero ya había llegado al límite y quería estar tranquilo. Lo único que deseaba era causar el menor daño posible a los demás.

Cómo afectan a las relaciones los problemas de salud mental

Todos experimentamos altibajos emocionales o de salud mental, pero hay quien tiene problemas graves que interfieren en su capacidad para mantener relaciones sanas. En su libro *La depresión es contagiosa*, Michael Yapko habla de cómo la salud mental de los padres puede afectar a los hijos. Por ejemplo, la depresión de la madre perjudica al vínculo de apego con sus hijos. Es posible que les hable con menos frecuencia, que no los ayude o que parezca emocionalmente distante.

La mayoría de las estadísticas disponibles sobre salud mental se basan en personas con diagnósticos formales; sin embargo, hay muchas personas con trastornos sin diagnosticar, pero lo bastante severos como para perjudicar sus relaciones. En muchas relaciones disfuncionales, los problemas de salud mental quedan sin tratar y se pasan por alto, pero es imposible subsanar un problema si fingimos que no existe. Por supuesto, el diagnóstico tampoco garantiza que la persona vaya a gestionar mejor sus relaciones.

Sea como sea, hay familias disfuncionales que, en lugar de ayudar a las personas con problemas de salud mental, contribuyen a perpetuarlos. De niña, me enseñaron que había personas que tenían problemas de salud mental que debían atenderse, pero que era preciso aceptar esos problemas. «Es que son así», me decían. Sin embargo, ese «así» significaba que maltrataban, despreciaban, eran crueles o saboteaban las relaciones. ¿Y si dejáramos de excusar a los demás y animáramos colectivamente a esas personas de la familia a buscar la atención que necesitan para tratar su salud mental?

Llegar a este punto puede ser complicado, porque aún hay muchas familias en las que la terapia es tabú. Toda la familia se beneficia cuando una persona decide ir a terapia, porque los cambios individuales afectarán a todo el sistema familiar. Por el contrario, si esa persona no acude a terapia, el sistema familiar se seguirá enfrentando a los mismos problemas una y otra vez. La depresión, la ansiedad y otros trastornos del estado de ánimo o de la personalidad suelen ser los principales motivos de ruptura en las relaciones.

Depresión

La depresión se puede presentar con distintos grados de severidad. Hay personas que pueden mantener una vida activa a pesar de estar deprimidas, mientras que otras se ven consumidas por la depresión y son incapaces de relacionarse con el mundo.

En las relaciones, la depresión se puede mostrar así:

- Llanto frecuente y sin causa conocida.
- Pérdida de interés en cosas de las que antes se disfrutaba.
- Desaparecer abruptamente de la relación y de las obligaciones.
- Encerrarse en uno mismo cuando se está con gente.
- Facilidad para irritarse.
- Estar enojado constantemente.
- Melancolía frecuente.
- Desatención de las tareas.
- Distanciamiento emocional.

Ansiedad

La fobia social, el TEPT y la ansiedad generalizada también pueden afectar negativamente a las relaciones. La ansiedad puede incluir pensamientos acelerados, rumiación y preocupación por el pasado o por el futuro. También puede provocar malestar físico, como diarrea y erupciones cutáneas. La mayoría de las personas presentamos cierto grado de ansiedad; pero, en algunos casos, es tan severa que interfiere significativamente en la vida cotidiana.

En las relaciones, la ansiedad se puede mostrar así:

- Evitas los encuentros sociales.
- Tu presencia es inconstante.
- Existe malestar emocional crónico.
- Te saltas los límites de forma intrusiva.
- No cumples las promesas.
- Te saboteas a ti mismo o a los demás.
- Tienes ideas paranoides respecto a las palabras o la conducta de otros.

Trastornos de personalidad

El trastorno límite de la personalidad, el trastorno narcisista de la personalidad o el trastorno dependiente de la personalidad tienden a ser los causantes de la mayoría de los problemas en las relaciones. A diferencia de la depresión o la ansiedad, el trastorno de personalidad puede interferir en las relaciones de un modo más generalizado. A las personas con síntomas de personalidad específicos les puede resultar difícil mantener relaciones, y no solo con su familia, sino también con amigos, parejas y compañeros de trabajo.

En las relaciones, los trastornos de personalidad se pueden mostrar así:

- Culpar a los demás.
- Nivel elevado de reactividad.
- Reinventar la verdad.

- Hacer que alguien dude de sí mismo continuamente.
- Incapacidad para respetar y establecer límites.
- Dificultad para tomar decisiones saludables.
- Conducta errática.
- Ensimismamiento.

De todos modos, no siempre es útil etiquetar un problema mental si se carece de un diagnóstico formal. En lugar de eso, deberíamos centrarnos en las conductas que observamos y en cómo interfieren en nuestra relación con la otra persona. Sea como sea, no podemos controlar cómo gestionan los demás su salud mental. Hay quien va a terapia, pero no cambia como esperamos o en el plazo de tiempo que preferiríamos. Lo único que podemos hacer en esta situación es cuidar de nuestra propia salud mental.

Desaprender que el maltrato es aceptable si se trata de un familiar

Cuando alguien nos dice que tenemos que querer a la familia pase lo que pase, quizá no entienda o no comprenda qué pasó exactamente para que hayamos decidido distanciarnos de alguien o incluso poner fin a la relación. Ser de la familia no te da carta libre. En las relaciones familiares también hay consecuencias si se hace daño a alguien.

Quizá la única manera de querer a algunos miembros de la familia y estar bien sea quererlos desde la distancia. De esta manera, elegimos protegernos y querernos. No es una decisión fácil, pero, en ocasiones, sí que es la más saludable. Recuerda que «amar» es un verbo y que, para mantener una relación, hay que actuar. Cuando no hay acciones saludables que sostengan la relación, perdemos la capacidad de mantenerla. Por lo tanto, si quedarse es más difícil, irse se convierte en una opción.

Como terapeuta, vi a personas desarrollar depresión, ansiedad o problemas severos de salud mental como consecuencia del esfuerzo que supone mantener relaciones disfuncionales con miembros de la familia. Como carecemos de la tendencia natural a dejar esas relaciones o a cambiar la manera como nos manifestamos en ellas, nos aferramos con la esperanza de que algo cambie algún día. Si llegaste al punto en que te planteas cortar una relación, es muy probable que ya hayas probado todo lo que podías intentar para quedarte.

Recuerda esto: No tienes por qué aceptar que nadie te maltrate solo porque son familia. No tienes por qué permanecer en una relación que te perjudica solo por los momentos compartidos. Las relaciones sanas se anclan en el amor, el respeto mutuo y la conexión. Pregúntate: «¿Esta relación es congruente con mis valores y con lo que quiero de la vida?».

Fractura familiar

Hablamos de fractura o de ruptura familiar cuando una persona decide cortar la relación con uno o varios miembros de su familia. Es más habitual de lo que probablemente estemos dispuestos a reconocer. A veces, la intención es que se trate de un periodo corto, que se usa como una pausa. En otras ocasiones es una decisión a largo plazo y sin planes de reconciliación.

La fractura puede ser de dos tipos: o bien una separación emocional deliberada, o bien un alejamiento físico que supone el cese de todo contacto.

A pesar de que a veces puede parecer una decisión repentina, en la mayoría de las ocasiones, la persona que se aleja lo hace porque ya no puede más. Por lo tanto, no es algo que suceda de la noche a la mañana, ya que las semillas de la crítica, de la diferencia de valores, de la desconfianza, del caos o del trauma se sembraron mucho antes y, con frecuencia, durante varios años.

Las fracturas familiares pueden ser origen de vergüenza o de bochorno para algunas personas que tienen dificultades para controlar la narrativa o la imagen de la familia. Karl Pillemer, autor de *Fault Lines: Fractured Families and How to Mend Them*, identificó las seis causas principales que llevan a la fractura:

1. Problemas en la relación desde la infancia.
2. Un divorcio que suscita resentimiento, animosidad y la toma de partido.
3. Disputas por dinero, incluidos préstamos y herencias.
4. Necesidades no satisfechas y falta de respeto reiterada a los límites.
5. Diferencias de creencias, estilos de vida o valores.
6. Dificultades persistentes con la familia política.

La principal causa de fractura entre madres e hijas, por ejemplo, es la diferencia de valores. Es más probable que las madres divorciadas tengan relaciones fracturadas con sus hijos, probablemente debido a la influencia negativa de la relación entre los progenitores.

Gestionar la sensación de culpa tras la fractura

Cuando trabajaba con niños del sistema de acogida, veía que querían volver a su casa, con su familia, incluso en las peores circunstancias. Querían olvidar y seguir adelante aunque no fuera saludable para ellos, porque era «la familia». Es habitual que sintamos una conexión y una lealtad muy profundas hacia la familia, incluso a pesar del maltrato. Por lo tanto, cuando alguien decide cortar el vínculo, sabe que es muy probable que haya quien no lo acepte.

La culpa es una de las principales emociones que surge en esta situación. Y es normal, porque vivimos en una sociedad que promueve la narrativa de «la familia es lo primero». Se hacen poquísimas excepciones para aquellos de nosotros que soportamos situaciones traumáticas, maltrato y conductas tóxicas a manos de familiares. Es posible que haya quien piense que la persona que pone fin a la relación es fría, cuando, en realidad, está herida y siente que su decisión es justificada, por mucho que esta le suscite emociones contradictorias.

Momentos que pueden despertar la sensación de culpa tras la fractura

Vacaciones.
Cumpleaños.
Sueños.
Ver fotografías de la familia.
Aniversarios de defunción y eventos familiares.
Ver a alguien con una relación de familia ideal.

Cada uno de nosotros ve las cosas desde su propio punto de vista y es posible que las personas que mantienen relaciones sanas con su familia tengan más dificultades para entender que alguien decida poner fin a la relación con la suya. Sin embargo, nadie puede decidir cuánto debe soportar otra persona.

Si tienes una relación familiar complicada, recuerda que:

- No estás solo. La familia «perfecta» no existe.
- No tienes la obligación de relacionarte con personas tóxicas.
- No tienes por qué apreciar a todas las personas de tu familia.
- No puedes forjar relaciones saludables con personas que no tienen el menor interés en mantener relaciones sanas.
- Manifestar tu verdad no es traicionar a nadie. Es respetarte a ti mismo.
- No pasa nada por ser distinto del resto de tu familia.

- Puedes forjar relaciones familiares con personas ajenas a tu familia.
- No tienes la obligación de relacionarte con personas disfuncionales.

Jamie decidió poner fin a la relación con su madre después de años sufriendo maltrato físico y emocional. Sus amigos le decían: «Piensa que madre no hay más que una». Esta y otras frases similares la catapultaban a un torbellino de culpa. Se preguntaba una y otra vez si había hecho lo correcto. Y, sin embargo, ahora que su madre había desaparecido de su vida, estaba más serena y sus días eran menos caóticos.

Quizá a Jamie le sería útil responder así a sus amigos:

- «Entiendo que tu relación con tu madre es muy distinta a la mía. Por favor, no me digas qué es lo mejor para mí».
- «Decidí poner fin a la relación con mi madre después de haberlo pensado mucho. Llegué a la conclusión de que es la opción más saludable para mí».
- «Me gustaría que las cosas fueran distintas, pero no es así. No me ayuda que me digas lo que crees que debería hacer».

Tienes todo el derecho del mundo a comunicar a los demás que no te pueden decir qué debes hacer o dejar de hacer en tu relación con otras personas, sobre todo con quienes te hicieron daño. Cuando alguien decide poner fin a una relación con un familiar, casi nunca es por un solo motivo, y siempre es una decisión muy difícil. Con frecuencia, la relación termina tras muchas rondas de perdonar al otro y de intentar que la relación funcione. Cuando nos encontramos con alguien que decidió dejar atrás una relación que le impedía estar en paz y le provocaba malestar mental o emocional, deberíamos ofrecerle comprensión en lugar de darle nuestra opinión.

Estas son algunas de las cosas que puedes decir si alguien te pregunta por alguien de la familia con quien decidiste dejar de comunicarte:

- «Después de haber intentado arreglar las cosas con mi padre en muchas ocasiones, decidí dejar de tratar con él».
- «No sé cómo le va, porque ya no hablamos».
- «Es un tema sensible para mí, porque ya no me hablo con él».

También puedes decidir no hablar del tema. Cuando a Charlotte le preguntaban por su madre, le resultaba mucho más fácil decir que estaba bien en lugar de explicar que ya no se hablaba con ella. Hablar directamente de una relación puede llevar a que la otra persona siga preguntando («¿Qué pasó? ¿Crees que se reconcilien algún día?»), o dé su opinión («Yo nunca dejaría de hablar con mi madre»). La fractura no suele ser una decisión fácil. Sin embargo, puede llegar a ser necesaria. Puedes explicar la versión de la verdad que te resulte más cómoda.

Sensación de culpa autoinducida

Las relaciones con la familia pueden ser complicadas, sobre todo cuando se asume que debemos perdonar y olvidar para siempre. No pasa nada por cansarse de perdonar a la misma persona por la misma cosa una y otra vez, por mucho que sea de la familia.

Puedes decidir si quieres perdonar y seguir adelante, o perdonar y dejar ir la relación. Sin embargo, perdonar y olvidar no resolverá las situaciones complicadas.

Quizá te sientas culpable al tomar decisiones que son beneficiosas para ti, pero que pueden decepcionar a otros. Sin embargo, sentirte culpable no significa necesariamente que hayas hecho nada malo.

La culpa del sobreviviente

Sentirte mal por haber conseguido escapar de una situación tóxica mientras que otros se quedaron atrás es un tipo de culpa del sobreviviente. Es casi imposible ayudar a otros más de lo que quieren ser ayudados. Es difícil ver cómo sufren cuando sabemos qué les sería de ayuda, pero no los podemos obligar a que hagan lo que creemos que sería mejor para ellos, porque sería un ataque a su libre albedrío.

Cuando intentamos hacer más de lo que está en nuestras manos por los demás, acabamos sufriendo. A veces, los hermanos mayores se sienten culpables por haber dejado a sus hermanos pequeños en un hogar caótico, por ejemplo. Seguir adelante puede ser doloroso cuando sabemos que nuestros seres queridos permanecen en el caos. Pero quedarnos en el caos para estar ahí para los demás no es sano. A largo plazo, es muy probable que habernos alejado nos permita estar en mejores condiciones de ayudar a nuestros hermanos, si realmente quieren nuestra ayuda.

En sus memorias *El castillo de cristal*, Jeannette Walls explica que se fue de casa antes de terminar la escuela y que la mayoría de sus hermanos pequeños hicieron lo mismo más adelante. La única que decidió quedarse con sus padres hasta la edad adulta fue la hermana menor. Jeannette Walls era la hermana mayor y, como tal, la entristeció irse y dejar atrás a sus hermanos, pero sabía que si se quedaba, no podría salvarlos. Construirse una vida e invitarlos a ella sería una ayuda mucho mayor que seguir viviendo en el caos junto a ellos. Y, al final, no pudo salvar a su hermana pequeña, porque esta decidió que no quería ser libre.

Podemos dejar atrás la sensación de culpa si aceptamos que no todo el mundo quiere lo mismo que nosotros o que, quizá, otros carezcan de las herramientas necesarias para cambiar ahora.

Hay relaciones que son demasiado, incluso a pequeñas dosis

Dana quería mantener la relación con Carlos, su hermano mayor, y persistió durante años. Lo perdonó cuando le robó la identidad. Lo perdonó cuando difundió rumores falsos sobre ella en la familia. Y entonces la empezó a presionar para que se comunicara con más frecuencia con él. Pero ella no podía. Estar más accesible para Carlos tan solo le daba más oportunidades para aprovecharse de ella. Dana quería a su hermano, pero estaba harta de que la maltratara. El intento de mantener cierta distancia no funcionó, porque Carlos se volvió aún más insistente en su intento de acceder a ella. Entonces, su padre intervino e insistió en que Dana tenía que hablar más con Carlos, porque «es tu hermano».

Ella estaba angustiada y enojada, y sentía que nadie la entendía, lo que le provocó problemas de sueño, dolores de cabeza y dificultades para concentrarse. No quería dejar de hablar con su hermano, pero sabía que era la única manera de encontrarse mejor. Cuando alguien repite la conducta por la que se disculpa, la disculpa carece de valor. Y llega un momento en que el crédito de perdón se agota.

A Dana le podría ser útil decirle algo así a su padre:

- «No insistas para intentar convencerme de que permanezca en una relación familiar que me perjudica solo porque crees que la familia lo es todo, pase lo que pase. Me estás aconsejando que me quede en una situación dañina, de maltrato y muy estresante. No me ayuda que me digas que me aguante. ¿Me podrías ayudar a hacer lo que es mejor para mí, aunque tú prefieras otra cosa? Lo intenté todo, pero ahora quiero poner fin a la relación con amor».

Cómo gestionar que alguien decida poner fin a la relación contigo o distanciarse de ti:

- Es posible que, en el intento de reconectar, intentes obligar a la otra persona a que hable contigo. Respeta sus límites en lo que al distanciamiento o la fractura se refiere.
- Ve a terapia para elaborar el duelo por la relación.
- Haz los cambios necesarios en otras relaciones para asegurarte de que sean saludables.

El perdón tóxico

El perdón tóxico es una estrategia desadaptativa que consiste en hacer ver que no nos hicieron daño, que superamos lo sucedido o que lo olvidamos. Perdonar para mantener la paz o para complacer a otros es nocivo tanto para la salud mental como para las relaciones. Dedica el tiempo que sea necesario a procesar el dolor, reconstruir la confianza poco a poco y decidir si necesitas estar de otro modo en la relación. Perdonar y olvidar no es una estrategia realista para salir adelante.

En la mayoría de los casos, no perdonamos y olvidamos, sino que perdonamos y reprimimos. Hay familias en las que la norma es seguir adelante sin procesar lo sucedido ni reflexionar sobre qué será distinto de ahora en adelante, o sobre las sensaciones que suscitó lo ocurrido. Es imposible «seguir adelante» si no se trabaja lo que pasó en realidad.

Mitos habituales acerca del perdón

Mito: Cuando se perdona algo, ya no se puede volver a hablar de ello

Reprimir las emociones y no procesarlas no es saludable, así que es posible que necesitemos volver a hablar de la situación incluso después de haber decidido perdonar al otro. Cuando sufrimos un acontecimiento traumático, los recuerdos nos pueden seguir persiguiendo mucho tiempo después. Para superar experiencias como esta, conviene hablar con un profesional de la salud mental o con alguien de confianza, para que nos ayuden a elaborar estas emociones.

Por el contrario, desahogarnos con amigos o familiares puede no ser la opción más sana, porque nos limitamos a darle vueltas a lo sucedido sin el propósito claro de intentar encontrar una solución. El desahogo centrado en avanzar y superar consiste en tratar de entender lo sucedido, procesar las emociones y los pensamientos y decidir qué nos podría ayudar a sentirnos mejor y seguir adelante.

Mito: Una vez que perdonamos al otro, hay que permanecer en la relación disfuncional

Perdonar y reconciliarse son dos cosas distintas. Es posible que, dependiendo de la ofensa o de la intensidad de esta, decidamos perdonar y seguir adelante sin esa persona. Podemos decidir cómo queremos que sea la relación una vez que hayamos perdonado al otro.

Mito: Si se perdona una vez, hay que seguir perdonando en el futuro

Perdonar una vez algo no significa que estemos obligados a seguir perdonando y aceptando la misma conducta una y otra vez. Podemos decidir cuántas veces queremos perdonar y seguir relacionándonos con alguien, o cuándo perdonar y poner fin a la relación. Tú decides si perdonar o no, y qué hacer después.

Mito: Cuando se perdona algo, hay que dejar de estar triste o enojado

Perdonar no significa que debamos olvidar lo que sucedió o cómo nos sentimos. Un estudio de la Universidad de Míchigan concluyó que la mejor manera de afrontar emociones perturbadoras es dar un paso atrás y hablar de ellas en tercera persona. Por ejemplo: «¿Por qué se sintió así cuando su suegra le hizo el comentario sobre su peso?». En este caso, la persona en cuestión eres tú. Separarte de la experiencia te puede ayudar a ser más objetivo respecto a tus emociones y a minimizar la pena que puedas sentir por ti mismo y que te puede bloquear e impedir que avances.

MITO: PERDONAR SIGNIFICA OLVIDAR
Es imposible borrar los recuerdos y las emociones, que pueden reaparecer en momentos incómodos. «Perdonar y olvidar» es una expresión, no un objetivo que podamos cumplir en el sentido literal. Es muy probable que, al perdonar, las emociones pierdan intensidad, pero es posible que nunca superes del todo la experiencia.

PERDONAR PARA PROTEGER TU SALUD MENTAL

Las personas a las que más cuesta perdonar son esas que no creen habernos hecho el menor daño y no se disculpan ni piden perdón. Por lo tanto, cuando los perdonamos, lo hacemos para poder cerrar internamente lo sucedido y reducir la multitud de pensamientos negativos que nos asaltan acerca de ello. Aunque no estamos obligados a perdonar, puede hacer que nos sintamos mejor. Al perdonar, nos regalamos paz.

Al perdonar, nos regalamos paz.

Aunque no todo el mundo ni todas las conductas merecen el perdón, perdonar es liberador. Recuerda que perdonar no es aceptar lo que alguien nos hizo, ni es una oportunidad para que la otra persona siga teniendo acceso a nosotros. Perdonar es simplemente soltar, de modo que la otra persona no siga controlando nuestra energía. Nos libera de la tenaza que ejerce sobre nosotros y nos permite dejar atrás una cantidad significativa de resentimiento, ira, furia o miedo. No es un viaje sencillo ni cómodo, pero aferrarse a las emociones negativas es aún más incómodo.

De todos modos, y en última instancia, perdonar es un camino que podemos tomar o no. En una encuesta en Instagram pregunté: «¿Hay cosas imperdonables?». El 89% de las respuestas fueron afirmativas, mientras que el 11% dijo que no y que todo se puede perdonar. Según estos resultados, hay personas dispuestas a perdonarlo todo, pero son una minoría.

Esperar una disculpa

Es posible que nunca recibas la disculpa que mereces por parte de la persona que te hizo daño y que, incluso si se acaba disculpando, no te ayude a sentirte mejor respecto a lo sucedido.

- Hay personas que no se disculpan, aunque se les explique la situación con total claridad.
- Hay personas que creen que no mereces una disculpa.
- Hay personas que te culparán a ti («Tú me obligaste a hacerlo»).
- Hay personas que se disculpan con acciones, no con palabras.
- Hay personas a quienes su ego les impide disculparse.
- Hay personas que no soportarían reconocer la verdad.
- Hay personas que carecen de las herramientas necesarias para hacerse responsables de sus actos.

Si queremos seguir conectados con alguien que nos hizo daño, tenemos que ser conscientes de cómo es esa persona y aceptar qué nos puede ofrecer y qué no.

Perdonarse a uno mismo

Lo más difícil de todo es perdonarse a uno mismo. Cuando tomamos conciencia de que permanecimos en una relación durante demasiado tiempo, soportamos demasiado maltrato, o nos conformamos con menos de lo que merecíamos, es fácil que entremos en una espiral de odio hacia nosotros mismos. Luego, cuando al fin decidimos irnos, nos enfrentamos a la culpa de huir. Si cortaste la relación con un familiar, debes saber que actuaste en tu mejor interés y después de, seguramente, años de haber intentado que funcionara. Trátate con autocompasión por haber tomado una decisión difícil cuando sentiste que no había otra opción posible.

Poner fin a la relación con un familiar puede afectar a la relación con otros familiares

El padre de Dana no quería sentirse incómodo si sus hijos dejaban de hablarse. Por lo tanto, a pesar de que ella sufría un maltrato constante por parte de su hermano, su padre quería que mantuviera la relación y las apariencias.

Decidir poner fin a la relación con un familiar puede hacer que otros miembros de la familia se sientan incómodos o avergonzados. Además, puede poner sobre la mesa la disfunción familiar y sacar a relucir los secretos y las situaciones que se negaban hasta ese momento. Es habitual que las familias impongan normas tácitas que limitan la capacidad de sus miembros para tomar decisiones saludables.

La mayoría de los miembros de tu familia quieren que seas feliz y te apoyarán en tus decisiones, pero si llega un momento en el que necesitas poner fin a una relación perjudicial con un familiar, es posible que no entiendan que tu felicidad depende de esa decisión. En ese caso, tienen que quedarse al margen.

Estas son algunas de las cosas que les puedes decir para pedirles que se queden al margen de la situación:

- «Si mi pareja me robara, ¿me pedirías que siguiera en la relación?».
- «Si un desconocido me agrediera sexualmente, ¿me animarías a que lo denunciara o a que me siguiera relacionando con él?».
- «Si mi amigo explicara mis intimidades incluso después de que le hubiera pedido que no lo hiciera, ¿me aconsejarías que continuara con la amistad?».

Cosas que pueden suceder cuando decidimos poner fin a una relación

Minimización

La mejor manera de existir en un sistema familiar disfuncional es no ver el problema. Por lo tanto, si comunicamos que algo no es sano o normal, es posible que, de repente, la familia nos perciba a nosotros como el problema, al tiempo que ignora la dificultad real. Las familias suelen hacer ver que no hay problemas, así que el sistema percibe como una amenaza que se hable de ello.

Por ejemplo, el verdadero problema es el maltrato, pero es posible que la familia considere problemático hablar del maltrato. El abandono emocional es un problema real, pero la familia puede considerar problemático el menor comentario sobre las dificultades sufridas durante la infancia.

Afirmaciones propias de la técnica de minimización

> «No eres la única persona del mundo a la que le pasó algo así. Y hay quien está mucho peor».

«Lo inventaste».
«¿Por qué dices cosas para hacer daño?».
«Déjalo estar, agua pasada no mueve molino».
«Tienes que superarlo de una vez».
«Tampoco fue para tanto».

Negación

Enseñar que la familia lo es todo, incluso cuando se trata de un sistema disfuncional, es nocivo. No habría que convencer a nadie de que haga caso omiso del maltrato, el trauma o el abuso. Persuadir a otros para que permanezcan en relaciones que les hacen daño con el fin de proteger a la familia perjudica su salud mental, sobre todo si la familia no ve con buenos ojos las relaciones con personas ajenas al sistema, porque la persona no puede forjar relaciones saludables con otros. Es posible tener relaciones sanas en la familia y relaciones sanas más allá del círculo familiar. No tienen por qué hacerse la competencia.

Todos los años, cuando llegan las vacaciones o la Navidad, la gente me dice que están inquietos, deprimidos o enojados porque «tienen que» pasar esos días con la familia. En algunos casos, la experiencia incluye tener que sentarse a la mesa con la persona que los maltrató, soportar agresiones verbales durante la visita, o ver cómo se anteponen las prioridades del resto de los hermanos a las propias. Ignorar los grandes problemas puede ser muy doloroso. Si niegas la realidad para seguir en una relación, sufrirás consecuencias mentales y emocionales (y, en ocasiones, también físicas).

En lo que respecta a las relaciones familiares, deberíamos poner el listón más alto, en lugar de bajarlo. Son relaciones a mucho más largo plazo y ejercen un impacto mucho mayor, por lo que, idealmente, deberían ser las más sanas que mantenemos.

Cómo gestionar la relación con quienes decidiste excluir de tu vida

Como se trata de la familia, a veces nos vemos obligados a ver a personas a las que ya no queremos en nuestra vida. Es posible que otros miembros de la familia nos pregunten por la relación o incluso que nos veamos en situaciones en las que tenemos que estar físicamente cerca de esa persona. Por ejemplo, si cesaste la relación con tu tía, pero quieres asistir a la fiesta de cumpleaños de tu abuela, lo más probable es que te encuentres a tu tía en la celebración.

Así es como puedes gestionar la interacción en persona:

- Saluda a ese familiar, si te sientes cómodo haciéndolo.
- Mantén la distancia social.
- Advierte a otros miembros de la familia que no fuercen la interacción entre ambos.

También tienes derecho a no acudir a acontecimientos a los que sabes que asistirán determinadas personas. En función de cuál haya sido la ofensa, podría ser perjudicial volver a exponerte a la persona que te hizo daño. Obligarte a relacionarte socialmente con algunas personas puede ser perjudicial para tu salud mental y emocional. Conócete lo suficiente para entender cuándo puedes estar cerca de determinadas personas y cuándo no, y comprométete a cuidar bien de ti. Por ejemplo, si la mera idea de ver a un familiar en concreto te produce ansiedad o malhumor, o aumenta tu propensión a manifestar conductas negativas, es señal de que detonaste. Sé proactivo y cuida de ti cuando identifiques qué te hace explotar.

¿Deberíamos permitir que nuestros hijos se relacionen con quienes nosotros ya no nos relacionamos?

Es posible que poner fin a la relación no te afecte solo a ti, sino también a tus hijos si hasta ahora se relacionaban con el familiar en cuestión. Parte de tu responsabilidad como madre o padre es decidir con quién se debe relacionar tu hijo. En función de cómo haya terminado la relación, es posible que decidas que tampoco quieres que tus hijos sigan viendo a esa persona.

Estas preguntas te pueden ayudar a decidir si permites que tus hijos se sigan relacionando con esa persona o no:

- ¿Era saludable la relación entre tus hijos y esa persona antes de que tú decidieras cortar el contacto?
- ¿Puede esa persona relacionarse con tus hijos sin hablar con ellos de los problemas que hay entre ustedes?
- ¿Tus hijos te pidieron ver a esa persona? De ser así, ¿estar en contacto con él o ella es seguro tanto desde el punto de vista físico como emocional?
- ¿Puedes confiar tu hijo a esa persona?

Qué decir a los familiares que cuestionan tu decisión o que intentan forzar la comunicación

- «La relación me perjudica y decidí cortar de raíz».
- «Sé que te cuesta entenderlo, pero es lo que decidí y necesito que respetes mi decisión».
- «Por favor, dejen de presionarme para que hable con alguien que me hizo daño».
- «Vemos la situación de maneras distintas. Permíteme tener mi opinión».

- «Me estás presionando para que haga algo que me va a hacer daño».

Lealtad incuestionable

Para entender cómo funcionan los sistemas, incluidos los familiares, es muy saludable hacer preguntas. No está bien que no se te permita formular preguntas o que no se te respondan. El pensamiento crítico supone una amenaza para los sistemas disfuncionales, y las preguntas obligan a las personas a reflexionar. Por lo tanto, es habitual que los miembros del sistema se resistan cuando se cuestiona el funcionamiento de este. Sea como sea, a quien debes ser leal por encima de todas las cosas es a ti y a tu bienestar.

EJERCICIO

Busca un cuaderno o un papel y responde a las siguientes preguntas:

- ¿Qué relaciones se vieron afectadas cuando decidiste cortar el contacto con un familiar o qué relaciones crees que se verán afectadas si acabas con una relación?
- ¿Qué piensas acerca del perdón? ¿Es necesario perdonar? ¿Hay cosas imperdonables? De ser así, ¿qué es imperdonable para ti?

CAPÍTULO 10

Tejer una red de apoyo más allá de la familia

La madre de Dan trabajaba, y su padre aparecía en contadas ocasiones. Su hermano y su hermana, mayores que él, ya se habían ido de casa. Mientras su madre trabajaba, Dan se quedaba con sus vecinos, los Redding, y los fines de semana jugaba con los hijos de estos. El señor Redding se convirtió en una figura paterna para Dan, que se sentía miembro de aquella familia.

Los Redding siguieron siendo una parte integral de la vida de Dan a medida que este crecía. Asistieron a sus graduaciones e iban de vacaciones con él y con su madre. Cuando Dan fundó su propia familia, el señor y la señora Redding fueron como abuelos para sus hijos, a quienes los hijos de los Redding consideraban como sobrinos. Dan no podía concebir la vida sin los Redding, pero ni su padre ni sus hermanos biológicos entendían su vínculo con ellos. Para Dan, su familia eran su esposa, sus hijos, su madre y los Redding.

LA FAMILIA ES MÁS QUE LOS LAZOS DE SANGRE; TAMBIÉN ES:

- Las personas que nos eligen.
- Las personas con quienes sentimos una conexión profunda.
- Las personas que, desde el afecto, nos hacen asumir la responsabilidad sobre nuestros actos.

- Las personas que nos ofrecen seguridad.
- Las personas que están ahí cuando las necesitamos.
- Las personas que están dispuestas a ofrecernos lo que necesitamos.
- Las personas que nos conocen bien y nos quieren mucho.

Al convertirnos en adultos, elegimos nuestras relaciones. Los vínculos familiares también son una cuestión de conexión, no solo de sangre. Dan eligió a su familia en función de con quién se sentía más conectado y apoyado.

Títulos y funciones

Es posible ostentar un título sin desempeñar las funciones asociadas a este. Por ejemplo, hay madres que no ofrecen afecto, cuidados o seguridad emocional. Hay hermanos que no son leales ni ofrecen apoyo. Asumir que alguien encarna ciertas cualidades solo porque ostenta un título o un cargo es erróneo, y por ello es posible confiar más en un amigo que en un hermano.

Los diez elementos clave de una relación sana

1. Confianza.
2. Interacciones alegres.
3. Conversaciones profundas (significativas).
4. Autenticidad.
5. Atención a las necesidades mutuas.
6. Comunicación sana.
7. Amabilidad (con una corrección considerada).
8. Aprecio por el otro.
9. Consuelo mutuo.
10. Apoyo (verbal y físico).

Podemos encontrar estos elementos tanto en las relaciones familiares como con amigos, personas mayores, compañeros de trabajo, mentores, vecinos, etcétera.

La familia elegida

Creer que la familia biológica lo es todo nos deja atrapados en relaciones poco sanas, porque nos lleva a creer que tenemos que tolerarlo todo. A veces, cuando alguien dice «tengo poca familia», lo que quiere decir es: «En mi familia hay una pequeña cantidad de personas con las que decido relacionarme. Hay familiares con los que hablo con frecuencia y otros con los que no hablo tanto. Estas diferencias son principalmente fruto de mis decisiones, porque decido de forma intencional en quién quiero invertir mi energía».

Hay relaciones que nos ofrecen casi todo lo que necesitamos, mientras que otras quizá nos ofrecen la mitad. Y también las hay que nos ofrecen muy poco, o nada, de lo que necesitamos a cambio de la energía que invertimos en ellas. Esto no significa que las relaciones sanas deban estar al 50%, porque cada uno aporta en distinta medida en distintas áreas. Solo tú puedes decidir si una relación vale la pena o no.

Solo tú puedes decidir si una relación vale la pena o no.

Un día, mientras hablaba con mi terapeuta acerca de una relación familiar compleja, me preguntó por qué me seguía relacionando con esa persona. En tanto que terapeuta, supe que la relación estaba abocada al fracaso, porque no tenía un motivo que lo justificara. Lo único que se me ocurrió decir fue: «Porque es familia». Esta no es una razón válida para mantener una relación, sobre todo si nos causa estrés. Por supuesto, hay veces en que alguien nos pone los nervios de punta, pero aun así consideramos que la relación vale la pena. Ten claro qué relaciones valen la pena y cuáles no son más que una obligación.

Como Dan, crecí en un hogar con un hermano mayor y, después de primaria, era la única niña en casa. Entablé mis relaciones más profundas con mis iguales, que, sorprendentemente, también eran las hermanas pequeñas en sus respectivas familias y se llevaban bastantes años con sus hermanos mayores. Mi familia conoce muy bien a mis amigas de la escuela y de los primeros años de la universidad, porque eran como mis hermanas. Al igual que Dan, muchos de mis recuerdos y celebraciones incluyen a parte de mi familia biológica y a mi familia elegida.

La familia es importante, pero las personas con las que puedes contar son vitales.

Cómo ayudar a personas con relaciones familiares disfuncionales

No invalides su experiencia

No te corresponde a ti decir que «no es para tanto». Tampoco es demasiado útil decirle a alguien que debe superar las dificultades con los miembros de su familia. Dale espacio para elegir a quién quiere en su vida.

No los presiones para que mejoren la relación

No puedes saber qué es lo mejor para el otro, porque no puedes estar seguro de cómo le afectan determinadas relaciones. Las relaciones disfuncionales pueden afectar negativamente a su salud mental.

Dales espacio para que puedan hablar sin ser juzgados

Aunque tu historia sea distinta, es fundamental que des espacio a los demás para que expliquen su propia historia.

No les digas qué harías tú en su situación

La situación de cada uno es distinta, así que no siempre podemos ofrecer consejos adecuados. Es posible que los demás no quieran escuchar qué harías tú, por diferente que sea de la opción que eligieron ellos.

No asumas que sabes cómo se sienten

Las emociones son complicadas y es imposible predecir cómo se sentirá otra persona. Si vienes de una familia estable, carecerás de puntos de referencia sobre cómo es crecer en un entorno familiar caótico.

No des falsas esperanzas diciendo cosas como «seguro que se soluciona»

No sabes si se solucionará o no. Solo lo puedes suponer o esperar. No pasa nada por no saber qué pasará.

Pregúntales qué necesitan de ti

En lugar de asumir que lo sabes, pregúntales qué necesitan. Así te asegurarás de que sus necesidades se vean satisfechas. De lo contrario, es posible que inviertas tiempo y esfuerzo en hacer cosas que no te pidieron que hagas.

Ayudarse a uno mismo

Cuando carecemos del apoyo familiar que necesitamos, ya sea de la familia biológica o de la elegida, nosotros mismos podemos darnos el apoyo que desearíamos recibir de los demás. Podemos aprender lo que desearíamos que otros nos enseñaran. Albergamos en nuestro interior lo que buscamos en los demás. Ayudarse a uno mismo consiste en esforzarse para ser la mejor versión de uno mismo y en tratarse con autocompasión.

Cinco maneras de ayudarse a uno mismo

Conocerse

Cuanto más nos conocemos, más conscientes somos de nuestras necesidades y deseos, así como de lo que nos gusta y disgusta. Cambiar también forma parte del proceso. Por lo tanto, es posible que lo que nos gusta cambie al cabo de un año. Saber quién eres te ayudará a comunicar con claridad tus preferencias y tus necesidades.

Los diarios guiados, los cuadernos de trabajo, la terapia y las conversaciones trascendentes son maneras maravillosas de conocerse en profundidad. En terapia acostumbro a preguntarme en voz alta por los motivos de algunas de mis decisiones y me perdoné por no haber decidido siempre lo mejor.

No abandonarse

Cuídate de un modo impecable. Automotívate dándote charlas. Regálate un baño caliente de vez en cuando. No te saltes las revisiones médicas. No podemos impedir que otros nos abandonen, pero sí que podemos dejar de abandonarnos a nosotros mismos.

De niña, la madre de Tanesha solo la llevaba al dentista en caso de crisis, por ejemplo, si le dolía una muela o se partía un diente. Así que empezó a asociar las visitas al dentista con el dolor. A medida que aprendió a cuidar mejor de sí misma, empezó a ir al dentista para las revisiones preventivas y de mantenimiento, no solo cuando había una urgencia.

Confiar en ti mismo

No siempre tomaremos las mejores decisiones, pero cuantas más tomemos, mejor se nos dará. Evitar tomar decisiones nos deja en el limbo y no mejora el resultado.

La clave para confiar en nosotros mismos reside en tratarnos con comprensión cuando las cosas no salgan como estaba previsto, así como en recordar que lo hicimos por nuestro bien. Incluso las personas con más experiencia en la toma de decisiones se equivocan de vez en cuando. Nos parece que a los demás se les da muy bien tomar decisiones, porque no sabemos cuántas veces fallaron. Tal y como dijo Nelson Mandela: «No me juzguen por mis éxitos. Júzguenme por las veces que me caí y me volví a levantar».

Centrarte en tus necesidades

Cuando cuidamos de otros y estamos acostumbrados a funcionar en modo de crisis, nos puede costar desaprender la creencia de que cuidar de los demás es más importante que cuidar de nosotros. Es posible que tus necesidades no sean más importantes que las de los demás en general, pero sí que son las más importantes para ti.

Cuando mis hijos eran bebés, aprendí rápidamente que mi capacidad para producir leche estaba directamente relacionada con mi capacidad para cuidar de mí misma. Me tenía que cuidar descansando, bebiendo el agua suficiente y reduciendo las distracciones emocionales. Cuidar de mis hijos me enseñó varias cosas acerca de cuidar de mí misma. Cuando funcionamos desde el déficit, tenemos mucho menos que dar.

Ser quien necesitas ser

No por ser un cliché es menos cierto: si no encontramos a la persona adecuada para desempeñar una función, nos tenemos que encargar de ello nosotros. Sé la persona a la que hubieras admirado de pequeño. Siéntete orgulloso de ti mismo convirtiéndote en quien te hubiera gustado que existiera en tu familia.

Sé la persona a la que hubieras admirado de pequeño.

Crear una comunidad

La familia no es más que una parte de nuestra comunidad, y podemos estar en comunidad con muchas otras personas que nos ofrezcan lo que necesitamos. Si crecimos en una familia disfuncional, quizá nos cueste saber en quién podemos confiar y en quién no. Confiar en todo el mundo no es sano, pero no confiar en nadie tampoco lo es. Conviene que sepamos discernir entre las personas que son dignas de confianza y las que no.

Signos de que es seguro mostrarse vulnerable

- La otra persona demuestra curiosidad por nuestra historia.
- Se muestra vulnerable ante ti.
- Cuando escucha, nos sentimos escuchados.
- Nos da aliento en el momento.
- Demuestra integridad cuando habla de otras personas.
- Está ahí cuando la necesitamos.

La vulnerabilidad promueve relaciones auténticas. Muéstrate como eres, sé honesto y claro acerca de tus expectativas y encontrarás a tu comunidad.

Mantén viva la conexión

Para forjar relaciones sanas se necesita tiempo y constancia. Si mantienes el contacto con regularidad a lo largo del tiempo, podrás construir relaciones sanas. Esperar a que el otro se ponga en contacto primero quizá no sea lo que más te ayude a mantener la conexión que deseas. Si quieres una relación, da el primer paso, con la esperanza de que la otra persona te siga. Por supuesto, no todas las relaciones funcionarán. Deja las que tengas que dejar y mantén una actitud abierta para entablar otras nuevas. Es previsible que algunas relaciones terminen. Lo mejor que puedes esperar es que acaben sin dramas.

EJERCICIO

Busca un cuaderno o un papel y responde a las siguientes preguntas:

- ¿Tienes amigos, vecinos o mentores a los que consideres tu familia?
- ¿Cómo puedes empezar a fomentar una conexión más profunda con personas más allá de tu familia biológica?

TERCERA PARTE

Crecer

CAPÍTULO 11

Resolver las relaciones con los padres

Anthony venía a terapia porque quería trabajar el resentimiento que sentía hacia su padre, Michael, quien quería forjar una relación con él después de veintidós años ausente de la vida de su hijo. Anthony no estaba seguro de querer volver a conectar con su padre, quien se había vuelto a casar y tenía dos hijos en su nueva familia.

Anthony tenía la suerte de tener una estrecha relación con su padrastro, quien había estado presente en su vida desde los ocho años de edad. Su madre había rehecho su vida después de que Michael la abandonara, cuando Anthony tenía cuatro años. En cierto modo, volver a conectar con su padre le parecía una traición a su padrastro, a quien consideraba su «verdadero» padre.

Durante todos esos años, Anthony había mantenido un estrecho contacto con su abuela paterna y, cuando lo vio en el funeral de esta, Michael le pidió sus datos de contacto. Las primeras conversaciones fueron lentas y Anthony esperaba una disculpa. Tras dos meses de hablar con su padre cada quince días, Anthony le preguntó por qué se había mantenido al margen durante tantos años y por qué quería mantener una relación ahora. Michael le explicó que no sabía cómo reparar lo que había sucedido entre ellos y que lamentaba haber estado ausente. Sin embargo, Anthony no entendía por qué su padre había tardado tanto tiempo en intentar tender un puente.

Después de unos cuatro meses hablando, Anthony dejó de responder a las llamadas y a los mensajes de texto de su padre. No podía superar el «¿por qué ahora sí y antes no?». No sentía que necesitara a su padre tanto como lo había necesitado de niño. No sabía cómo estar enojado con Michael y, al mismo tiempo, abrirle el corazón.

Durante nuestro trabajo juntos, Anthony me dijo que quería dejar de estar enojado con su padre y decidir si quería mantener una relación con él o no. Como la lealtad era muy importante para él, temía que forjar una relación con Michael afectara negativamente al vínculo que mantenía con su padrastro.

«Superar» las emociones

Muchas veces, las personas acuden a terapia con la esperanza de superar emociones que les incomodan. Sin embargo, no hace falta «superar» nada. De hecho, intentar superar emociones difíciles consume más energía que permitirse sentir enojo, dolor o frustración. Superarlo no cambiará el pasado. Es importante que trabajemos en las emociones a medida que avanzamos en la vida.

La gente me suele decir cosas así:

> «Mi abuela falleció. ¿Me podrías ayudar a superarlo?».
>
> «Perdí un trabajo que me encantaba. Quiero superar el dolor y la humillación».
>
> «Mi mejor amiga se esfumó de un día para otro y estoy muy triste. ¿Cómo lo puedo superar?».

La verdad es que no hay terapeuta, ni vicio, ni parche para llenar vacíos que nos pueda ayudar a superar emociones que aún estamos procesando. Mi respuesta habitual a las personas que quieren «superar» algo es: «La manera en que te puedo ayudar a que te sientas mejor es enseñarte a darte permiso para sentir varias emociones a la vez, a validar tus emociones y a aplicar estrategias de afrontamiento saludables». No es lo que la gente quiere oír, pero es la verdad. Muchas veces deseé tener una pastilla para «superarlo», pero no existe. Y no hay nada saludable que pueda bloquear lo que sientes.

Anthony necesitaba poder enojarse sin verlo como algo inútil, malo, o ni siquiera bueno. Necesitaba poder sentir sin juzgarse. A pesar de la mala fama que la ira tiene en nuestra sociedad, en realidad no tiene nada de malo. El reto que nos plantea la ira es decidir cómo reaccionar y cómo comportarnos cuando la sentimos. Tendemos a centrarnos en personas que se enojan de maneras destructivas, pero la violencia no es la única manera de reaccionar ante la ira. Vi a personas destruir cosas cuando se enojaban, pero también vi a otras que salían a pasear.

Maneras saludables de gestionar la ira

- Acéptala. Deja de fingir que no estás enojado y acepta la emoción.
- Identifica tus detonantes: palabras concretas, recuerdos, entornos... No hace falta que los evites, pero puedes reflexionar y decidir cómo quieres reaccionar cuando sientas que vas a explotar.
- Decide si vale la pena ponerte en determinadas situaciones si sabes que te harán explotar. Conocer tus detonantes te ayudará a decidir qué hacer.
- Ahonda en la emoción. A medida que Anthony fue procesando su ira, descubrió que la emoción de origen era la decepción por el abandono de su padre. Debajo de la ira es habitual encontrar tristeza, decepción o dolor.
- Desarrolla estrategias que te ayuden a expresar y a soltar la ira. Hablar sobre tu ira es útil cuando nuestras palabras obe-

decen a una intención. Cuando la otra persona sabe exactamente cómo te sientes, la relación puede salir beneficiada. Si no la expresas, la ira se manifestará mediante conductas pasivo-agresivas.

La ira que no nos permitimos sentir se transforma en violencia, en conductas pasivo-agresivas y en palabras y conductas hirientes. La ira no es una emoción problemática; es una emoción natural que es necesario validar si queremos que remita. Lo mejor que podemos hacer es ser honestos con nosotros mismos acerca de lo que sentimos.

Decidir entre quedarse y trabajar en la relación o irse y dejarla

Anthony quería decidir si debía seguir adelante o negarse a tener relación con su padre. Esto indicaba que era importante encontrar la mejor solución posible tanto para él como para Michael.

Para decidir qué te conviene más, pregúntate lo siguiente:

- ¿Hubo maltrato, o se trata de una persona peligrosa?
- ¿Esa persona se muestra arrepentida o dispuesta a asumir su parte de responsabilidad en las dificultades de la relación?
- ¿Hay que solucionar un solo problema o son varias las cuestiones pendientes?
- ¿Cambió la persona? ¿Qué demuestra que haya cambiado?
- ¿Reconocer el problema promoverá el cambio o desencadenará más conductas destructivas?
- ¿Qué soluciones intentaste en el pasado? Si no funcionaron, ¿fue porque no eran las adecuadas o porque la otra persona no quiso participar?
- ¿Puedes vivir sabiendo que pusiste fin a la relación?

Durante mis años como terapeuta, vi a personas mantener la relación con padres que los maltrataron físicamente durante la infancia, pero que luego se arrepintieron y pidieron disculpas a sus hijos adultos. Por otro lado, también vi a personas mantener la relación con unos padres que no cambiaron o que se niegan a reconocer que lo que hicieron estuvo mal o hizo daño a sus hijos. En todos los casos, continuar o no con la relación es una decisión personal. Michael parecía arrepentido, se había disculpado y parecía estar dispuesto a asumir la responsabilidad de lo que había hecho. Aun así, le corresponde a Anthony decidir si quiere tener relación con su padre o no.

Cómo dejar de odiar a los padres

No es necesario perdonar y olvidar para dejar de estar enojados con nuestros padres. Tu verdad acerca de la relación puede coexistir con tu deseo de conservarla. Puedes aceptar a tus padres tal y como son y tal y como te trataron. ¿Qué pasó en la vida de tus padres que influyó en cómo fue su relación contigo? No hay excusa que justifique el maltrato. Sin embargo, entender lo que sucedió te puede ayudar a mostrar compasión. Quizá pasaron por un trauma o una adicción, o quizá carecían de las habilidades necesarias para cuidarte. Es muy probable que sus experiencias vitales y sus estrategias de afrontamiento desadaptativas te afectaran a ti y a la relación que mantienes con ellos. No es culpa tuya y no te corresponde a ti solucionar sus problemas. Da un paso atrás y usa sus nombres de pila (en lugar de hablar de «mi madre» o «mi padre»): ¿Cuál es la historia de ___? ¿Cómo le afectó esa historia?

Tus padres son ante todo seres humanos y en tanto que seres humanos:

- Cometen errores.
- No se disculpan.
- Son emocionalmente inmaduros.
- Tienen dificultades para cumplir lo que prometen.
- Tienen expectativas poco razonables.
- No tienen todas las respuestas.
- No son conscientes de cómo impactan en los demás.
- Quieren que las cosas sean a su manera.
- Tienen estrategias de afrontamiento desadaptativas.
- No son conscientes de lo que no saben.

¿Cuál es la historia de tus padres?

Aunque su historia vital no excusa lo sucedido, sí que ofrece información muy valiosa sobre el origen de su conducta. Si no te pueden contar su historia, pide a otros miembros de la familia que te expliquen lo que sepan. Los niños suelen llevar las cicatrices del trauma de sus padres.

Cosas que quizá esperas escuchar de boca de tus padres

- «No disponía de las herramientas para darte lo que necesitabas».
- «Estaba inmerso en mis problemas y no sabía cómo criarte mientras me sanaba».
- «Me equivoqué y te hice daño».
- «¿Qué puedo hacer para que la relación mejore?».
- «Me sentía superado y eso afectó a la manera como te crie».
- «No supe gestionar tus emociones, porque tampoco sabía gestionar las mías».
- «Lo hice lo mejor que pude, pero eso no era lo que necesitabas».

Controla lo que puedes controlar

Céntrate en las partes de la relación que sí puedes controlar. Cuida de las partes de ti que necesitan atención. Aprende lo que no te enseñaron o no te pudieron enseñar. Aunque es posible que tus padres nunca lleguen a ser lo que querrías que fueran, puedes aceptar y disfrutar de las partes significativas, afectuosas y sanas de su relación.

PREGUNTAS QUE HACERTE CUANDO TRABAJES LA RELACIÓN CON TUS PADRES

- ¿Cuál es tu definición de una relación sana con un padre o una madre?
- ¿Cómo te demostraban tus padres que te querían?
- ¿Cuáles son los problemas actuales en la relación con tus padres?
- ¿Qué expectativas tienes respecto a la relación futura con tus padres?
- ¿Qué necesitas aceptar acerca de tus padres y de tu relación con ellos?

Comprensión

¿Cuáles son tus defectos? ¿Cuáles son los defectos de tus padres? Todos tenemos defectos, y no siempre es útil etiquetar los defectos de una persona como peores que los de otra. Esto no significa que se tenga que perdonar todo, pero es posible que tus padres no supieran cómo afrontar la crianza de un hijo.

No es culpa tuya

Los padres vienen con su propia historia a sus espaldas. La madre de Marcy la agredía verbal y físicamente, mientras que el novio de su madre abusaba de ella sexualmente. Aunque Marcy no maltrató a sus hijos, sí que desarrolló un problema con el alcohol, como su madre. Tanto Marcy como su madre vivieron situaciones traumáticas. No es una excusa, pero sí que explica lo que les sucedió.

En un mundo perfecto, nadie tendría hijos sin haberse trabajado mucho antes. Es muy poco probable que todo el mundo haya sanado sus heridas y esté entero para cuando tenga hijos, y muchas personas se enfrentan a sus propias dificultades mientras crían a sus hijos. Como comenté en el capítulo 3, el abuso de sustancias por parte de los padres nunca es culpa de los hijos.

Hablar de los problemas

Es muy difícil dejar atrás el pasado si lo sucedido nos sigue agobiando en el presente y, además, también es perjudicial sacar a la luz continuamente cuestiones pasadas. Sin embargo, es posible que a tus padres les haga bien saber lo que sientes acerca de cómo te criaron. La comunicación abierta es un elemento saludable en toda relación, aunque es importante ser consciente de cómo comunicamos.

Por intimidante que pueda resultar la idea de mantener una conversación pendiente sobre recuerdos dolorosos, demorarla no hará más que agravar tu ansiedad. Sí, es cierto que no puedes controlar cómo responderán, pero como conoces a tus padres, es posible que puedas predecir su reacción hasta cierto punto. Sucediera lo que sucediera en el pasado, habla ahora si tienes algo nuevo o distinto que decir.

Cómo expresar las quejas

Primero, diles lo mucho que valoras la relación y, a continuación, explícales lo que necesitas que sepan y cuáles son tus expectativas una vez compartida la información.

Ejemplo: «Mi relación con ustedes es muy importante para mí y necesito que sepan que, cuando era pequeño, sentía que en muchas ocasiones estaban demasiado ocupados con lo suyo como para ocuparse de mí. Sé que ahora no pueden hacer nada al respecto, pero necesitaba expresarlo».

«Los quiero y tengo algo importante que decirles. Hace ya un tiempo que, cuando se enojan, me empiezan a gritar. De ahora en adelante, si gritan, se lo señalaré y me iré. Reanudaremos la conversación cuando las cosas se hayan calmado».

Escribe una carta a tus padres para explicarles cómo te sientes. Escribir cartas es una manera de dar salida a las emociones y evitar la confrontación. Puedes entregar la carta o quedártela para ti y usar la escritura como desahogo emocional.

Escribir los pensamientos sobre el papel puede ser muy catártico. Hazlo en la computadora o en la aplicación de notas del celular, si te es más fácil. La carta debería incluir una exposición de los problemas, cómo te afectaron (o afectan), cómo te sientes y los siguientes pasos que vas a dar. Céntrate en el problema más importante, no los enumeres todos a la vez.

Si decides entregarles la carta, piensa en si quieres enviarla por correo postal, por correo electrónico o entregarla en mano. Recuerda que es posible que su respuesta no se parezca en absoluto a lo que considerarías adecuado. Sé de algunos padres que leyeron la carta y no la mencionaron nunca, porque no estaban preparados para esa conversación. Si quieres asegurarte de que la carta sea recibida y los contenidos procesados, pregúntales directamente: «¿Qué pensaron al leer la carta?».

Hablar de los problemas a medida que surgen es la mejor manera de comunicarse en las relaciones. Una vez hayas despejado el ambiente, recuerda no sacar a relucir los problemas constantemente. No hay que perdonar y olvidar, pero sí avanzar. Siempre que sea posible, habla de los problemas cuando se presenten o poco después.

Hablar de los problemas a medida que surgen podría sonar así:

- «Cuando dicen que no es para tanto, invalidan mis emociones».
- «No me insultes cuando te enojes».
- «Deja de jugar con el celular mientras intento hablar contigo».

Hablar de los problemas poco después de que hayan surgido podría sonar así:

- «Ayer, durante nuestra conversación, invalidaste mis emociones cuando me dijiste que no es para tanto».
- «La semana pasada, cuando discutimos, me insultaste».
- «Hace unos días seguiste jugando con el celular mientras hablábamos».

Aunque a muchos de nosotros nos hicieron creer que hablar de los problemas es una falta de respeto, lo cierto es que vale la pena hacerlo, por difícil que sea. Por otro lado, tampoco tienes una fecha límite, así que puedes preparar las conversaciones difíciles, siempre que no las demores demasiado. Es una lástima, pero no hay un momento fácil o perfecto. Ten las conversaciones lo antes que puedas, porque cuanto más esperes, más sufrirás.

Poner límites claros

Mereces poner límites ahora, como los merecías cuando eras niño. En las familias disfuncionales, los límites se perciben como una amenaza al sistema. Cuando pides algo distinto, expresas una expectativa o no te dejas llevar por el caos habitual, puede parecer que quieres agitar las aguas de la familia. Y es cierto, estás agitando las aguas, porque te niegas a permanecer en la disfunción.

En las relaciones sanas, los límites no son ofensivos y se respetan, incluso si no gustan demasiado. Que al otro le guste el límite es opcional. Que lo respete no es negociable.

Los límites en las familias disfuncionales pueden sonar así:

- «Mamá, tu hermano no es bien recibido en mi casa».
- «No te daré dinero para droga».
- «Deja de apelar a la religión para condonar el maltrato físico».
- «No me hace ninguna gracia que te rías de mi peso. Déjalo ya».

Qué hacer si dependes de tus padres

Existe la posibilidad de que ser honesto con tus padres te perjudique si dependes económicamente de ellos. Estas son algunas de las maneras en que los niños, adolescentes o adultos que volvieron a casa o que no se fueron nunca pueden gestionar los problemas con la familia:

Encuentra apoyo fuera de la familia

Habla con un amigo en quien confíes, con un profesional de la salud mental o con un familiar que te pueda ayudar. No te enfrentes solo a la situación.

Planifica tu estrategia de salida

Asiste a la escuela para completar tu educación o adquirir habilidades nuevas. Trabaja y ahorra para irte.

Resístete a sentirte atrapado

Desarrolla una actitud sana y centra tus esfuerzos en independizarte.

Qué hacer si debes cuidar de tus padres

Si podemos dejar a un lado lo que necesitamos de nuestros padres y aceptarlos tal como son, la relación se transformará en una experiencia más auténtica. Sin embargo, hay cosas que no mejoran con el tiempo. Se habla muy poco de lo difícil que es aceptar que nuestros progenitores nunca estuvieran allí cuando los necesitábamos durante la infancia, y que siguen sin ser los padres que necesitamos que sean. Es cierto que no podemos cambiar a los demás, pero puede resultar difícil mantener una relación con personas que no quieren cambiar. Si aún estás intentando aceptar la realidad de quiénes son tus padres, sé comprensivo contigo mismo.

Los papeles se invierten cuando los hijos ayudan económicamente a padres incapaces de gestionar su dinero, o a padres irresponsables, o cuando les ofrecen asistencia emocional o física. En estas situaciones, los hijos adultos se mantienen a sí mismos y a sus familias, además de a sus padres. Esto puede generar resentimiento o frustración.

Tú decides si ayudar a tus padres o dejar que resuelvan sus propios problemas. Para gestionar la ayuda económica a un padre o madre, puede ser útil:

- Acordar una cantidad fija que encaje en tu presupuesto.
- Negarte si no te puedes permitir ayudarlo.
- Ofrecerte a ponerlo en contacto con un asesor financiero.
- Valorar la posibilidad de encargarte de sus gastos, a modo de curador.

Para manejar la ayuda emocional a un padre o madre, puede ser útil:

- Hacerle saber qué temas te incomoda comentar.
- Animarlo a tejer una red social con iguales o con familiares de su misma edad.

- Hacerle saber cómo te hacen sentir ciertas cosas.
- Reorientar la conversación cuando entre en terrenos que te incomodan.
- Sugerir a tu padre o madre que hable con un terapeuta.

Para gestionar la atención física a un padre o madre, puede ser útil:

- Hablar con su compañía de seguros o con su gestor de póliza para averiguar a qué tiene acceso.
- Pedir ayuda a otros familiares en lugar de cargar solo con toda la responsabilidad.
- Recurrir a tu sistema de apoyo para procesar el estrés mental que supone cuidar de los padres.

Criar a los padres

Los niños necesitan estructura y expectativas. Cuando el niño es la persona madura en la relación con sus padres, puede ser difícil tomarse a los padres en serio.

Amy esperó durante años que su madre «madurara». En los eventos familiares, su madre insultaba a otros miembros de la familia y le costaba guardar la compostura cuando estaba en público. Amy la consideraba muy inmadura y quería que actuara de un modo congruente con su edad. Sin embargo, la edad cronológica no determina la madurez psicológica.

Cómo gestionar la relación con padres emocionalmente inmaduros

- Determina su edad emocional, en contraposición a su edad cronológica, y ajusta tus expectativas en consecuencia. Es posible que tus padres no actúen como otros de su misma edad.

- No los compares con sus iguales. Ten en cuenta su historia y compáralos con su conducta pasada. La mayoría de las personas siguen siendo tal como eran.
- Comunica el problema y expresa con claridad (y repetidamente) tus expectativas. No te dejes atrapar en su manera de reaccionar ante los problemas. No puedes cambiar cómo responden.

Padres con problemas de salud mental no resueltos

Mantener una relación con alguien que niega tener problemas y que no se plantea tratar sus dificultades de salud mental puede ser muy complicado. La depresión, la ansiedad, los trastornos de la personalidad y otros problemas de salud mental pueden afectar a la relación entre padres e hijos. Hay personas que nunca llegan a aceptar el diagnóstico que se les da o ni tan siquiera la existencia de síntomas que apuntan a un diagnóstico. Es posible que alguien manifieste signos que requieran un diagnóstico clínico y decida no tratarlos. Cuando un familiar rechaza el tratamiento de su salud mental o niega tener un problema, no se le puede obligar a recibir tratamiento. Si alguien se hace daño a sí mismo o a los demás, se puede pedir la intervención del sistema legal y de servicios sociales para garantizar la seguridad de la persona en cuestión y de quienes la rodean.

El padre de Jim sufría cambios de humor drásticos, ataques de ira y terrores nocturnos. Sin embargo, se negó a buscar tratamiento incluso después de que lo diagnosticaran con TEPT.

Cómo gestionar la relación con progenitores con problemas de salud mental no tratados

- Aléjate de las situaciones violentas o de maltrato. Los problemas de salud mental no son una excusa para las agresiones físicas o verbales.

- Dale espacio cuando lo pida o cuando empiece a parecer distante.
- Prepara un plan de emergencia. Puede ser especialmente útil si tienes familiares con depresión, trastorno bipolar o esquizofrenia. El plan de emergencia debería incluir conductas detonantes, los datos de contacto en caso de emergencia (incluidos médicos y el hospital más cercano), información sobre el seguro de salud y las medidas que hay que tomar. La familia más próxima y las principales partes interesadas deberían tener una copia de este plan.

Relaciones unidireccionales con los padres

Riley llama a su madre, Alice, una vez a la semana. Sin embargo, su madre casi nunca le pregunta cómo está y si la conversación se centra en la vida de Riley, la redirige rápidamente hacia la suya.

Aunque Riley quiere saber cómo está su madre, no le gusta que toda la conversación gire en torno a la vida de Alice y a su serie de quejas. También le gustaría que su madre la llamara de vez en cuando, en lugar de tener que llamar siempre ella.

Cómo gestionar las relaciones unidireccionales con los padres

- Insiste en hablar de ti. Tus padres no pueden monopolizar la conversación, pues tienes derecho a intervenir.
- Hazles saber cómo te sientes.
- Redirige la conversación cuando sea necesario.

Hacerles saber cómo te sientes podría sonar así:

- «Me gustaría que, cuando habláramos, me preguntaras cómo me van las cosas a mí».

- «Parece que disfrutas cuando hablamos y me gustaría saber de ti con más frecuencia. Llámame tú una vez a la semana».

Gestionar la interacción podría ser así:

- Hablar varias veces a la semana con alguien que solo habla de sí mismo puede ser muy irritante. No tienes la obligación de hablar con más frecuencia de la que consideres mejor.
- Es muy probable que tus padres crean que se te da muy bien escuchar, o quizá no tengan a nadie más con quien hablar. Acepta que, cuando hablas con ellos, tu tarea es escucharlos, no resolver sus problemas.
- Anímalos a pedir ayuda a otras personas. No seas la única persona que los escucha.

Reparentalización

Date lo que no se te dio cuando eras niño. Hay padres que carecen de la capacidad emocional para satisfacer tus expectativas y es posible que nunca estén a la altura para criarte como necesitas. En este caso, es imperativo que te eduques a ti mismo. La reparentalización es una manera saludable de atender a tu niño interior y de ofrecerte el afecto que necesitas.

He aquí algunos ejemplos de reparentalización:

- Dite a ti mismo: «Estoy muy orgulloso/a de ti».
- Prepárate comida nutritiva.
- Completa las tareas lentamente.
- Consuélate.
- Organiza celebraciones en tu honor.
- Usa afirmaciones de tipo «soy...». Por ejemplo, «soy adorable cuando se me marcan los hoyuelos».

- Duerme ocho horas cada noche (y ponte una hora límite para acostarte).
- Juega.
- Prémiate por tus logros, ya sean grandes o pequeños.

La importancia del autocuidado

Cuidar de tus necesidades emocionales y físicas debe ser prioritario si procedes de una familia disfuncional. Contar con un desahogo como la psicoterapia puede ser una manera excelente de cuidar de ti mismo y de cultivar relaciones sanas con otras personas en tu vida.

Quizá no puedas cambiar a tus padres, pero sí puedes cambiar cómo actúas en la relación. Si quieres mantener el contacto, es vital que determines cómo hacerlo sin dañarte a ti mismo.

Si te sientes agotado después de interactuar con tu familia, date tiempo para recuperarte y decide cómo quieres que sea la relación en el futuro. Cuando aparezca un problema nuevo, decide cómo quieres responder en el momento, o bien plantea una solución más tarde. Pero no dejes que el problema se agrave: soluciónalo lo antes posible.

EJERCICIO

Busca un cuaderno o un papel y responde a las siguientes preguntas:

- ¿Cuáles son las principales dificultades en la relación que mantienes con tus padres?
- ¿Conoces el pasado de tus padres?
- ¿Cómo te cuidas de maneras que tus padres no te cuidaron?

CAPÍTULO 12

Resolver las relaciones con los hermanos

Sierra y Sylvester crecieron en un hogar biparental. Sierra era tres años mayor y siempre tuvo la sensación de que sus padres mimaban a Sylvester y le perdonaban todas sus travesuras. Ella nunca pedía ayuda a sus padres, porque la habían criado para que fuera independiente y responsable. Sin embargo, criaron a Sylvester justo para lo contrario: para que fuera dependiente e irresponsable.

Sierra se preguntaba con frecuencia cómo era posible que fueran tan distintos habiendo crecido en el mismo hogar. En conversaciones en privado, su padre, William, reconocía que Sylvester «aún tenía que madurar» y que su madre, Sonya, había promovido que se volviera dependiente. Estaba pegada a él y se negaba a admitir que había criado de manera distinta a cada uno de sus hijos.

Inconscientemente, Sierra descargó en Sylvester toda la frustración que le provocaba la actitud de sus padres. Era muy seca con él, consideraba que era muy irritante y solo le dirigía la palabra en reuniones familiares. Citó las siguientes diferencias sobre el trato recibido de sus padres:

- Cuando Sylvester cumplió dieciséis años, le regalaron un coche nuevo, mientras que a Sierra le regalaron uno de segunda mano cuando cumplió los dieciocho.

- Presionaron a Sierra para que eligiera una universidad en el mismo estado, a fin de reducir gastos. Por el contrario, Sylvester estudió en una universidad de otro estado.
- Sierra se graduó en la universidad en cuatro años y con mención honorífica, y tuvo que organizar su propia fiesta de celebración. Sylvester tardó seis años y sus padres le organizaron una fiesta.
- Después de la universidad, Sierra se mudó a otro estado para trabajar y crio a sus hijos junto a su esposo. Sus padres la visitaban una vez al año, pero cuando Sylvester tuvo hijos, los cuidaban casi todos los fines de semana. Sierra estaba celosa, a pesar de que sus padres podían hacerlo porque vivían cerca de Sylvester.

Sierra buscaba señales de injusticia y las apuntaba en su lista. Sentía que siempre salía perdiendo y le costaba mucho no enojarse con su hermano. Aunque en realidad la situación no era culpa de él, tampoco la había defendido nunca ni pidió que los trataran igual. Por el contrario, aceptaba encantado toda la ayuda que le prestaban sus padres.

Ahora, a los cuarenta años, Sierra había venido a terapia para trabajar el resentimiento acumulado hacia su familia a lo largo del tiempo. Para ello, nos centramos en construir una relación con su hermano basada en intereses compartidos y en una conexión genuina. No podíamos hacer que sus padres reconocieran que su conducta había afectado a la dinámica entre los hermanos, pero sí que podíamos ayudarla a ella a defenderse y a pedirles que satisficieran sus necesidades. En algunos casos, no precisaba lo mismo que le ofrecían a su hermano. Necesitaba descubrir cómo podían ayudarla de un modo relevante para ella a nivel personal.

Cómo perjudican los padres la relación entre hermanos

Aunque los padres no son los únicos responsables de la relación entre hermanos, lo que hacen o dejan de hacer puede afectar significativamente a las dinámicas fraternales. La mayoría de los padres dirán que pasaron por una fase en la que sus hijos se peleaban por todo. Oí a madres y padres decir cosas como: «No pienso intervenir, que se las arreglen como puedan», o «es tu hermano, tienes que compartir tus cosas con él». Este tipo de afirmaciones no ayudan mucho a eliminar el conflicto y pueden llegar a intensificar la rivalidad entre los hermanos.

En este capítulo ofrezco consejos tanto a los padres como a los hermanos adultos cuyas relaciones siguen siendo complicadas.

Tomar partido o no tomar partido

Hay ocasiones en que los hermanos se hacen daño durante los conflictos. Por ejemplo, uno está jugando con un juguete y el otro se lo arrebata.

En esta situación, sería adecuado que los padres dijeran algo así:

«Tu hermana estaba jugando con el juguete. Si quieres jugar con él, tienes que esperar a que termine o pedírselo».

Aunque los niños no siempre hacen lo que se les pide, esta petición les envía el mensaje de que hay conductas inaceptables.

Esta no sería una respuesta adecuada:

«No intervendré, se las tienen que arreglar solos».

El intento de que se las arreglen solos es precisamente lo que lleva a que se peleen. A los niños hay que recordarles (repetidamente) cómo deben tratar a los demás, sobre todo cuando son pequeños y aún no desarrollaron empatía. Cuando se trata de niños mayores o de adolescentes, se puede trabajar con ellos para encontrar soluciones juntos.

Ejemplo: tu hija te llama para quejarse de que su hermana le pidió dinero para reparar el coche y aún no se lo devuelve.

Esta sería una respuesta adecuada de un padre o madre:

«Así que se comprometió a devolverte el dinero y no lo hizo. ¿Cómo vas a abordar la situación con ella?».

Como madre o padre, no es necesario intervenir en disputas entre hijos adultos, pero tampoco debemos excusar conductas que nos parecen inaceptables.

Esta no sería una respuesta adecuada:

«Necesita el dinero más que tú, ¿por qué no le perdonas el préstamo?».

Aunque quizá sea cierto que una hermana tiene más dinero que la otra, nadie se debería sentir obligado o presionado a prestar dinero a nadie.

Dar preferencia a uno de los hermanos

Sierra creía que su hermano era el «favorito». Sylvester no había elegido esa designación para sí mismo, sino que se la habían concedido sus padres, por motivos que escapaban a su control. Quizá lo trataban distinto porque era el pequeño, porque era varón, porque era de trato más fácil o porque a su madre le recordaba a sí misma cuando era pequeña. A los padres les resulta muy incómodo reconocer que no fueron justos, así que muchos niegan la evidencia.

Esta sería una respuesta adecuada de un padre o madre:

«Tienes razón. A tu hermano le compramos un coche, porque en ese momento nos los podíamos permitir. Entiendo que tuvo que ser muy frustrante ver que lo tratábamos de otra manera».

Esta no sería una respuesta adecuada:

«De eso ya hace mucho tiempo y tu coche era tan bueno como el de él. Tendrías que dar gracias por lo que te dimos».

Es normal que los padres no traten igual a todos sus hijos, y no pasa nada por admitirlo. Cada uno tiene sus propias necesidades e intereses, y es muy difícil ser justo o equitativo siempre. Además, negar el trato desigual no solo no facilita las cosas, sino que merma la confianza entre padres e hijos. Si los padres son sinceros acerca del trato desigual, será más fácil que el hijo dolido se sienta más conectado con ellos.

Forzar el «amor» y las emociones positivas

A pesar de los lazos de sangre, en ocasiones apenas hay vinculación emocional entre los hermanos. Esto ocurre sobre todo si crecen en hogares distintos, tienen pocas cosas en común, la diferencia de edad es importante, expresan opiniones distintas sobre la disfunción familiar, o tienen personalidades muy diferentes. El amor surge de forma natural y los padres no pueden obligar a los hijos a quererse.

Hay padres que empujan a sus hijos a hablar positivamente los unos de los otros y a superar los conflictos con el objetivo de reforzar el vínculo entre ellos. Por duro que pueda ser para los padres oír a uno de sus hijos criticar a otro, deben reconocer qué es lo que preocupa a cada uno de los hermanos. Si les conceden espacio para expresar cómo se sienten, se sentirán menos solos y más conectados con sus padres.

Esta sería una respuesta adecuada de un padre o madre:

«Lo que estás diciendo es que no sientes demasiada conexión con tu hermano porque es mucho más pequeño que tú y no tienen demasiadas cosas en común».

Esta no sería una respuesta adecuada:

«Tus hermanos son tu familia y lo serán siempre, así que los tienes que querer. Son todo lo que tienes».

Comparaciones

Caer en la trampa de comparar a los hermanos es muy fácil, pero no hay necesidad de hacer comparaciones cuando se trata de personas diferentes. Hay padres que creen que no pasa nada por hacer comparaciones entre hermanos, pero lo cierto es que puede perjudicar a la relación entre estos, sobre todo cuando uno percibe que el otro siempre sale ganando. En este caso, es posible que uno de los hermanos pida indirectamente que se le trate igual y, por ejemplo, diga: «Dijiste que tiene un pelo muy bonito. ¿Mi pelo también es bonito?». Como los niños son distintos, tiene sentido elogiarlos por cosas distintas. Mentir para generar igualdad y responder algo así como «sí, tu pelo también me gusta» no parecerá tan genuino. Por lo tanto, si vas a decir un elogio, debes tener varios más en la mente. En resumen, nunca compares a tus hijos entre sí.

Por ejemplo, evita decir cosas del tipo: «Tu hermano ya se sabía atar los zapatos cuando tenía cinco años. ¿Por qué tú no?». No permitas que tus hijos se vean inferiores solo porque no consiguieron algo en el mismo marco temporal que otro niño de la familia. Y esto sigue siendo aplicable cuando el niño se convierte en adulto.

Esta sería una respuesta adecuada de un padre o madre:

«Te puedo ayudar con la renta de este mes».

Esta no sería una respuesta adecuada:

«Tu hermano nunca me pide ayuda con la renta. ¿Por qué no puedes ser más independiente, como él?».

Chismear acerca de un hijo con el otro

A veces, los padres se sienten frustrados con uno de sus hijos y necesitan desahogarse, pero si lo hacen con un hermano pueden provocar grandes problemas. Airear tus diferencias pondrá a tu confidente en una posición complicada. Es posible que sienta que va a arreglar la situación o que la empeore, manifestando sus propias quejas.

Por chismear me refiero a:

- Intentar echar por tierra la personalidad de alguien.
- Hablar de oídas sin haber confirmado la veracidad de la información.
- Exagerar para que la persona o la situación parezcan peores de lo que son en realidad.
- Repetir información falsa.
- Explicar cosas que hacen daño al otro.
- Difundir rumores.
- Ser sensacionalista con los detalles.
- Revelar los secretos de otra persona.

De todos modos, los estudios sugieren que desahogarse de las frustraciones refuerza las conexiones sociales y psicológicas. Cuando ese desahogo ocurre entre padres e hijos, es esencial garantizar que la información que se comparte no sea morbosa y que no se divulgue con intención de hacer daño a nadie. Los padres solo deberían desahogarse con hijos adultos que entiendan bien la situación y que coincidan en el deseo de mejorarla. Además, la información compartida se debería basar estrictamente en la realidad.

Este sería un comentario adecuado de un padre o madre:

«Estoy preocupado por tu hermana. La veo más distante desde que empezó a salir con su nueva novia».

Este no sería un comentario adecuado:

«Tu hermana no es lo bastante madura para tener pareja y, además, su novia me cae mal. ¿Sabías que se conocieron en el trabajo? Me parece increíble que salga con alguien del trabajo. ¡Es un error!».

Negar los problemas

Si los padres tienen una relación de codependencia con uno de sus hijos, la relación entre los hermanos se verá afectada. Por ejemplo, Erica se graduó en la universidad y era económicamente independiente, pero sus padres invertían casi toda su energía en su hermana pequeña, quien acumulaba problemas legales y siempre necesitaba ayuda económica. Además, la elogiaban por lo más mínimo, como conseguir un empleo. Por su parte, Erica tenía un buen trabajo, pero sus padres no valoraban sus logros de la misma manera.

Esta sería una respuesta adecuada de un padre o madre:

«Es cierto; ayudamos a tu hermana porque no creemos que pueda salir adelante sin nuestra ayuda económica».

Esta no sería una respuesta adecuada:

«Las tratamos igual a las dos».

Hermanos que crían a sus hermanos

A veces, los padres delegan la crianza en los hermanos mayores o en los que parecen más capaces o más maduros emocionalmente.

Son varios los motivos por los que uno de los hermanos puede acabar haciéndose cargo del resto:

- Los hermanos mayores cuidan a los pequeños mientras los padres trabajan.
- Si los padres tienen problemas de abuso de sustancias, el hijo mayor se ocupa de los pequeños.
- Si los padres están enfermos, el hijo mayor cuida de los pequeños.

En este caso, el hermano cuidador puede acabar resentido con sus hermanos y hermanas, o tener dificultades para abandonar ese papel incluso cuando todos ellos ya son adultos. Por ejemplo, he oído decir: «A mí me crio mi hermana. Fue como mi madre». Estas dinámicas apenas dejan espacio para el desarrollo de relaciones sanas entre hermanos.

De todos modos, si un hermano mayor acaba teniendo que cuidar de los pequeños, es posible cambiar la dinámica de la relación si, una vez llegados a la edad adulta, se valida lo sucedido. El hermano cuidador puede empezar a proporcionar recursos en lugar de completar tareas y, así, ayudar a sus hermanos a cuidar de sí mismos. Es útil hablar abiertamente de la inversión de roles que tuvo lugar.

Retos habituales en las relaciones entre hermanos adultos

Los problemas entre hermanos adultos suelen tener que ver con la envidia, el resentimiento, las relaciones unidireccionales, la traición o las diferencias de creencias o de estilos de vida. Sin embargo, muchos hermanos aprenden a resolver las disputas, a aceptarse y a ayudarse mutuamente entre la infancia y la edad adulta.

Estos son algunos de los problemas que aparecen con frecuencia en mis encuestas *online*:

- «Mi madre crio a mi hermanastro y no estuvo ahí para mí».
- «Mi padre prefiere a mi hermano, y se ve porque pasa más tiempo con él y le hace unos regalos carísimos».
- «Mis hermanos asumen que soy la favorita».
- «Mis hermanos me siguen tratando como a una niña».
- «Mi hermano tiene un problema grave con las drogas y mis padres lo ayudan».
- «Mi hermana se aprovecha de mis padres».
- «Mi hermano me maltrataba y se sigue burlando de mí».
- «Mi madre nos manipuló a los cinco hermanos para que nos enfrentemos entre nosotros, y ahora no nos llevamos bien».

Además de estas dificultades, estos son otros de los temas que dificultan las relaciones entre hermanos:

- Peleas por la herencia.
- Discusiones sobre cómo cuidar de los padres mayores.
- Opiniones políticas contrarias.
- Maltrato severo en la relación durante la infancia.
- Historia de abuso sexual o de maltrato físico.

La disfunción de la familia afecta a todos los hijos

Cada hijo desempeña una función específica en las familias disfuncionales. Estas son algunas de las funciones que pueden haber asumido inconscientemente los hijos de una familia.

El responsable

El hijo se encarga de solucionar los problemas, de modo que gestiona las crisis, paga las facturas, impone las normas y garantiza el bienestar del resto de la familia. Tiene una profunda necesidad de dar estructura a su vida y, si los padres no se la proporcionan, la genera él. Hace de la independencia su modo de vida, porque percibe que no puede confiar en los demás.

El pacificador

Es el sensible de la familia y cree que demuestra y expresa sus emociones. Suele intentar ayudar a los demás con los temas emocionales y asume la carga de gestionar los momentos caóticos. No quiere ser el centro de atención, sino que tiende a sentir el dolor de los demás, a los que intenta consolar.

El héroe

Este hijo parece tener éxito y ser emocionalmente estable. Las personas ajenas a la familia asumen que procede de una familia con una dinámica saludable porque no da muestras externas de disfunción. Sin embargo, con mucha frecuencia sufre ansiedad y tiene dificultades para desarrollar vínculos de apego debido a una vergüenza subyacente y a una historia de abandono emocional por parte de su familia.

El bufón

Este hijo ayuda a tapar los problemas familiares divirtiendo a todo el mundo. Suele ocultar problemas, desviar emociones y desapegarse emocionalmente de su entorno. Le incomoda admitir o nombrar lo que siente y, con frecuencia, se considera responsable de cómo se sienten los demás, incluso en la edad adulta.

El ajustador/adaptador

Este hijo intenta no hacer ruido ni estorbar, y se adapta a casi cualquier circunstancia sin quejarse. Se deja llevar por lo que suceda en el entorno y se niega a ser el centro de atención. Por lo tanto, como muchas de sus necesidades quedan insatisfechas, llega a creer que los demás no pueden o no quieren satisfacerlas. Crece desconectado de sí mismo y de los demás, y como adulto tiene dificultades para forjar relaciones íntimas.

El chivo expiatorio

Los problemas familiares se suelen atribuir a este hijo. Manifiesta la disfunción de la familia con conductas como el robo, el abuso de sustancias, la mentira, la agresividad o cualquier otra cosa que llame la atención sobre sí mismo. Con su conducta llama la atención sobre la disfunción familiar.

Cómo subsanar las relaciones entre hermanos

Si tienes una relación complicada con uno o varios de tus hermanos, puedes aplicar alguna de estas estrategias.

Aceptación

Acéptalos como son y no los presiones. Quizá tengan problemas de abuso de sustancias o un estilo de vida que no acabas de entender. No los puedes cambiar, e intentar convencerlos de que sean cualquier otra cosa puede alejarlos de ti.

Es posible llevarse bien con un hermano o hermana cuya personalidad es muy distinta a la nuestra, pero tenemos que aceptar las diferencias, incluidas las que nos parezcan menos ideales. Por ejemplo, Carter, el hermano de Marie, fue diagnosticado de trastorno bipolar a los veintipocos años. Su conducta podía ser impredecible y, en ocasiones, preocupante. Marie no se sentía cómoda invitándolo a su casa, pero sí se veía capaz de quedar para comer una vez al mes en uno de los restaurantes preferidos de Carter. No era el tipo de relación que siempre había querido, pero era lo que podía gestionar.

Madurez emocional

Por el bien de tu salud mental, abandona la necesidad de controlar lo que hace o deja de hacer tu hermano. Solo puedes controlar cómo respondes ante ello. No te sorprendas cuando te demuestre quién es. Los pacientes llegan a terapia cargados de problemas que tienen que ver con personas que no están con ellos en el espacio terapéutico. Estas personas no buscan ayuda, o quizá sí, pero no están en la consulta, así que el objetivo no es cambiarlas. El objetivo es que quien acudió a terapia explore sus propias emociones, cambie cómo reacciona ante lo que sucede y adapte sus expectativas.

Comprensión y compasión

Kirk Franklin, el artista de góspel ganador de varios premios Grammy, explicó esta historia: «Dos hermanos crecieron con un padre alcohólico. Al crecer, uno de ellos siguió los pasos de su padre y también se volvió alcohólico. Cuando le preguntaron qué le había sucedido, respondió: "Observé a mi padre". Al crecer, el otro decidió no consumir alcohol. Cuando le preguntaron qué le había sucedido, respondió: "Observé a mi padre". El mismo hogar, las mismas experiencias y dos posturas distintas».

Aunque hayas pasado por lo mismo que tu hermano, es muy probable que la experiencia y los aprendizajes hayan sido muy distintos para cada uno. La personalidad, el temperamento, la salud mental y emocional, y la genética determinan tu actitud. Si ves a tu hermano como a una persona única, quizá te sea más fácil sentir compasión por él o ella tal como es, sea cual sea el camino que haya elegido.

Revelar el resentimiento

El resentimiento se puede acumular hasta llegar a un punto en el que resulta muy difícil relacionarse con los hermanos. Es fundamental reconocer, nombrar y sentir las emociones, sean las que sean. No te culpes por seguir enojado por cuestiones pasadas. No te inventas las cosas y no eres cruel. Si te permites sentir lo que sientes sin juzgarte, evitarás descargar tus emociones sobre los demás.

Si le explicas a tu hermano lo que sientes, quizá lo ayudes a entender tu postura. No podemos cambiar el pasado, pero reconocer tus heridas te puede ayudar a sanar la relación actual y a mejorarla en el futuro.

Revelar tu resentimiento podría sonar así:

- «Parecía que mamá prefería a los niños y que a mí me trataba con más dureza, mientras que ustedes apenas recibían las consecuencias».
- «Te sabías defender de un modo que yo nunca supe, y papá y mamá te escuchaban cuando hablabas».
- «Parecía que no te afectaba lo más mínimo que nuestros padres fueran adictos. Tenías amigos y te iba bien en la escuela. A mí me resultaba imposible con todo lo que pasaba en casa».
- «Cuando éramos pequeños, mamá siempre me obligaba a llevarte conmigo a todas partes. Por eso me portaba mal contigo y, a veces, ahora aún me enojo cuando mamá me pone en la posición de tener que cuidar de ti».
- «Papá te trataba como si fueras la "niña de sus ojos" y siempre fue más duro conmigo. Te ignoré durante años porque no quería ser otra de las personas que te trataban como a una princesita».

Eludir la incomodidad que conlleva la sinceridad

Puedes controlar cómo comunicas el mensaje, pero no cómo lo recibe el otro. Es normal que temas que tu hermano se altere o se ponga a la defensiva. Sin embargo, recuerda que poner las cosas sobre la mesa podría mejorar la relación entre ambos. Deja muy claro que estás hablando con sinceridad de los problemas que tuviste con él o ella porque quieres mejorar la relación y hacer que funcione. Si se pone a la defensiva, déjalo hablar, porque es muy probable que la revelación le haya sorprendido, por cierta y evidente que te resulte a ti. Valida tu experiencia sin negar la suya.

Seis maneras de proteger la paz en las relaciones entre hermanos

- Sé breve

Determina durante cuánto tiempo puedes estar con tu hermano o hermana antes de perder la paciencia o de que estalle una confrontación. ¿Cuál es la duración óptima de las interacciones? ¿Cuánto tiempo tardas en empezar a sentir que te desregulas?

- Evita las discusiones acaloradas

Habrá temas de los que no quieras hablar con tus hermanos. ¿Cuáles son? ¿Cuánto tiempo deberías esperar antes de cambiar de tema?

- Cuenta solo hasta donde te sientas cómodo

Puedes contar más o menos en función de cuánto quieras que tu hermano o hermana sepa de ti, pero no tienes que decir nada para lo que aún no estés preparado.

Si alguien te pregunta algo que aún no quieres responder, trata de contestar algo así:

«Aún no estoy preparado para entrar en eso».

«Aún lo estoy procesando y no estoy preparada para hablar de ello».

«Entiendo que estás preocupado, pero te diré más cuando me sienta preparada para ello».

- Invierte tiempo en reforzar el vínculo

  En algunos casos, vale más invertir en tiempo de calidad que en cantidad de tiempo. No te obligues a pasar más tiempo en su compañía del que realmente quieres. Busca una actividad que satisfaga a ambos. Por ejemplo, quizá les gusta la misma serie y la podrían ver juntos, o bien ir a probar un restaurante nuevo.

- Respeto por las diferencias

  No pasa nada por ser diferente, y es importante que ambos acepten que lo son. Cuando decidimos estar con otra persona, tenemos que aceptarla tal como es en los momentos que pasamos juntos y cuando estamos separados. Querer a alguien puede significar aceptar su singularidad.

- Establece límites y cíñete a ellos

  Las relaciones necesitan límites. Tus límites son tu responsabilidad y, cuando instauras uno, también te corresponde a ti asegurarte de que se respeta. Por ejemplo, si informas a tu hermano de que no le prestarás más dinero hasta que te haya devuelto todo el que te debe, dile que no cada vez que te pida más. No puedes impedir que te lo siga pidiendo, pero sí puedes ser firme en la defensa de tu límite.

Criar a hijos que no se llevan bien

Ver que tus hijos se llevan mal es duro, tengan la edad que tengan. Cuando están a nuestro cuidado, los podemos ayudar a mejorar su relación. Sin embargo, cuando son adultos, esa tarea ya no nos compete a nosotros, y por mucho que queramos que se lleven bien, si interferimos, podemos agravar la situación.

Me hablaron de un hombre que siempre había tenido una relación difícil con su hermano. Sus padres lo presionaban para que fuera amable y quisiera a su hermano pasara lo que pasara. Siempre sintió que su hermano tenía celos de él y provocaba las peleas. Cuando su madre falleció, encontró una nota escrita por ella en la que validaba sus preocupaciones. Su madre admitía haber visto que su hermano era envidioso y rencoroso, y no podía explicar por qué. El hombre sintió un profundo alivio al ver que, por fin, su madre validaba sus emociones.

SI TUS HIJOS SE LLEVAN MAL:

- Respeta los límites que hayan definido o pregunta directamente: «¿Qué quieren que haga o no haga como su madre (o padre) en esta situación?».

Es posible que tus hijos te comuniquen estos límites:

- «Si viene a la reunión familiar, dímelo antes, porque entonces yo no vendré».
- «No le expliques nada acerca de mí».
- «No quiero que me expliques nada de cómo le va la vida».
- No obligues a tus hijos a llevarse bien. No hagas que se sientan culpables con frases como «¿y qué pasará cuando me muera?», o «lo único que les pido es que se lleven bien». Obligarlos a que se comuniquen no es saludable para ellos, por mucho que tú te sientas mejor. Las relaciones solo son saludables cuando son libres.
- Gestiona el malestar que te produce que tus hijos estén distanciados hablando con un terapeuta o con alguien de confianza. No reprimas la pena, elabórala.
- Mantente neutral e intenta entender a ambas partes.

Algunas cosas que recordar sobre las relaciones entre hermanos

- No pasa nada si no eres el mejor amigo de tu hermano.
- La rivalidad entre hermanos se puede perpetuar hasta la edad adulta.
- Es posible que tus padres hayan contribuido a los problemas que tienes con tus hermanos.
- No pasa nada si no te gusta la personalidad de tu hermano.

Con todo lo anterior, y solo si quieres, puedes abordar las dificultades y mantener una relación más sana con tus hermanos.

EJERCICIO

Busca un cuaderno o un papel y responde a las siguientes preguntas:

- ¿Cuáles son los tres problemas principales en la relación con tus hermanos?
- ¿Qué puedes hacer para sentirte más a gusto cuando estés en compañía de tus hermanos?

CAPÍTULO 13

Resolver las relaciones con los hijos

Desde hace dos años Chris no hablaba con London, su hija. Después de divorciarse de la que había sido su esposa durante veintiún años, intentó seguir presente en la vida de London, pero parecía que ella siempre estaba ocupada cuando él le proponía que se vieran. Cuando se encontraban, ella estaba de mal humor y no hablaba. Aunque Chris era consciente de que el divorcio había afectado a su relación con London, no daba crédito a que llevaran dos años sin hablar y sin verse.

London siempre había sido la niña de papá, pero a los doce años se puso de parte de su madre cuando los problemas del matrimonio se intensificaron. Su hermano Lance era cinco años menor y parecía haber adoptado una postura más neutral. Había mantenido la relación tanto con su madre como con su padre y, de hecho, después del divorcio decidió vivir con Chris.

Cuando London volvía a casa durante las vacaciones de la universidad, no hacía el menor intento de ver a Chris, quien se sentía muy mal. Cuando este rehízo su vida, su hija dijo cosas terribles acerca de la mujer con la que salía y criticó la manera en que había tratado a su madre. Un día, London dejó de responder a sus llamadas. Tras varios intentos, Chris renunció a seguir forzando la relación. No asistió a su ceremonia de graduación y no sabía ni dónde vivía ni dónde trabajaba. La extrañaba mucho y no sabía cómo reparar la relación, ni tan siquiera si era posible repararla.

A Chris le daba vergüenza hablar de la situación con otras personas, y en terapia se mostraba cauteloso a la hora de identificar la causa de la ruptura de la relación con su hija. Culpaba a su exesposa de la mayoría de los problemas y decía cosas como «me pinta como un monstruo», o «puso a London en mi contra». Al mismo tiempo, mantenía una buena relación con Lance. Hablaban por teléfono al menos una vez a la semana, se enviaban mensajes de texto con frecuencia y, de vez en cuando, hacían viajes juntos. Sin embargo, Lance prefería mantenerse al margen del conflicto, por lo que no mencionaba a su hermana. Chris sabía que Lance hablaba con ella, pero no le preguntaba al respecto, porque temía dañar la relación entre los hermanos. Así que acostumbraba cuidar la relación con su hijo.

Chris vino a terapia para resolver sus problemas de ansiedad y tardó algo de tiempo en abrirse y hablar de que se sentía responsable y triste, y de que tenía miedo de no volver a hablar con su hija nunca más. Para superar la ansiedad, tuvo que aprender a nombrar sus emociones, practicar la autocompasión y reconocer en qué medida había contribuido a la situación. A partir de entonces, pudo decidir cómo actuar.

La importancia de asumir la responsabilidad que nos corresponde

A veces somos responsables del problema y nos puede costar mucho admitir qué hicimos, o dejamos de hacer, para provocar el conflicto con nuestro hijo. Sin embargo, reconocer la verdad puede salvar la relación.

Tendemos a repetir ciertas conductas en función de cómo nos criaron. Y eso quiere decir que muchos de nosotros no aprendemos a ser los padres que queremos ser. Es fundamental que tengamos muy claro qué queremos hacer de otra manera con nuestros hijos.

En última instancia, serán nuestros hijos, no nosotros, quienes decidan cómo lo hicimos como padres. Es muy probable que algunos crean que lo dieron todo por sus hijos y que estos piensen que sus padres nunca estaban allí cuando los necesitaban. Aunque podría ser que ambas cosas sean ciertas, hay que explorar la incongruencia de esas dos realidades, no negar que exista. Con toda probabilidad, los padres estuvieron presentes de maneras que a ellos les parecían importantes, pero que no eran las que sus hijos necesitaban.

Ejemplos de experiencias incongruentes

Padres: «Fui madre soltera y tuve que trabajar mucho para asegurarme de satisfacer todas nuestras necesidades».

Hijos: «Mi madre nunca venía a los partidos».

Padres: «Mis padres nunca me explicaban nada, y yo quise que mis hijos supieran la verdad de todo».

Hijos: «Mis padres me explicaron algunas cosas antes de tiempo, cuando aún no estaba preparado para escucharlas».

Padres: «Tenía una adicción y no podía cuidar de mí mismo, así que no digamos ya de cuidar bien a mi hijo».

Hijos: «Mi padre era un adicto y ahora que está limpio espera que lo perdonemos sin más».

Padres: «Mi hijo tuvo una infancia fantástica, me aseguré de que siempre fuera feliz».

Hijos: «Mis padres nunca me preguntaban cómo estaba. Me decían cómo me tenía que sentir. Solo les importaba que pareciera feliz. Cuando no parecía contento, me decían que era un desagradecido».

Podemos hacer daño a nuestros hijos sin querer, incluso aunque tengamos la mejor de las intenciones. Si queremos reparar la relación, es importante que asumamos la responsabilidad que nos corresponde, tanto si el daño fue deliberado como si no.

Errores habituales de los padres cuando los hijos son pequeños

Mentir a los hijos

Si queremos que nuestros hijos sean sinceros con nosotros, tenemos que serlo con ellos. La confianza se construye desde el principio y de un modo acorde con la edad del niño.

No admitir que los padres también se equivocan

Los padres se equivocan muchas veces y no admitirlo es otro error más. Si queremos que nuestros hijos asuman la responsabilidad de sus errores, debemos predicar con el ejemplo. Los niños son como esponjas y absorben la conducta, ya sea buena o mala.

Tratar a todos los hijos por igual

Cada niño es distinto y necesita cosas distintas de nosotros. No podemos criar a dos personas distintas de la misma manera. Tenemos que esforzarnos en conocer a nuestros hijos y criar a cada uno en función de sus necesidades únicas.

Culpar al niño de cosas que escapan a su responsabilidad

Muchas veces ponemos a los niños en situaciones que no pueden gestionar y luego los culpamos cuando las cosas se tuercen. Por ejemplo, Nevaeh quería pagarse el viaje de fin de curso con el dinero que había ahorrado, pero su madre le pidió dinero para pagar la factura de la electricidad. Cuando Nevaeh decidió usar el dinero para pagar el viaje y les cortaron la electricidad, su madre la culpó a ella.

Vínculos tempranos

Es beneficioso que tanto la madre como el padre forjen vínculos de apego tempranos con sus hijos. Si los padres están separados, el vínculo con el progenitor que no convive con el niño puede verse perjudicado. La salud mental, el abuso de sustancias y la relación que los padres tienen entre sí pueden afectar a ese primer vínculo entre padres e hijos. Si el padre o la madre está desconectada emocionalmente, se aísla o tiene problemas, el vínculo con el niño puede verse afectado. Cómo empezamos no determina necesariamente cómo acabamos, pero hay padres a quienes les cuesta reparar esta herida temprana, que puede seguir abierta hasta la edad adulta.

Jessica fue concebida después de que su madre mantuviera varias relaciones esporádicas. Cuando su padre supo del embarazo, accedió a estar presente, pero se mudó a otro estado tras el nacimiento de Jessica. Cada vez que ella lo visitaba, le daba la impresión de que estaba en compañía de un extraño. La relación era incómoda y a ella le costaba forzar la conexión.

Es posible seguir conectados con los hijos aunque vivamos en domicilios distintos, pero entonces tenemos que hacer el esfuerzo de implicarnos en su vida cotidiana. Las relaciones estrechas se construyen con el tiempo. Si los padres quieren mantener relaciones estrechas con sus hijos adultos, es importante que pongan los cimientos desde el principio.

El divorcio y las separaciones transforman la relación con los hijos, ya sean pequeños o adultos

El divorcio de los padres acostumbra a ser doloroso para los hijos, ya sean niños o adultos. Incluyo aquí el divorcio de los padres no biológicos, porque los hijos se apegan a ellos y a otros adultos significativos que tuvieron una función importante en sus vidas.

Los padres desempeñan una función crucial en la gestión de la ruptura. Lo mejor es que ambos comuniquen juntos a sus hijos la decisión de separarse y que les digan explícitamente que no es culpa suya, además de explicarles cómo funcionará la familia a partir de ese momento.

Los niños suelen vivir el divorcio de los padres como algo traumático por los siguientes motivos.

Los padres sufren y se aíslan

A veces, cuando se divorcian, los padres se distancian de la familia. Sin embargo, los niños siguen necesitando a sus padres al margen de lo que estos estén pasando mental o emocionalmente.

El padre o la madre se enoja con su ex

Todos esperamos que las relaciones duren, pero cuando no es así, a veces alguna de las partes se enoja con la otra. Sin embargo, romper con la pareja no significa necesariamente romper con los hijos. Los hijos (tanto si son pequeños como adultos) acostumbran a quedar en medio de las disputas parentales. En algunos casos, los padres descargan la frustración que sienten respecto a su expareja intentando obligar al hijo a que tome partido. Los hijos, tengan la edad que tengan, no son un desahogo sano para la frustración que sienten sus padres respecto a su relación de pareja.

Los padres deben esforzarse para evitar que lo que sienten por su expareja emponzoñe la relación de su hijo con esta. La ira de uno de los progenitores interfiere a veces en la relación del otro con su hijo, lo que puede ser muy perjudicial. Suelo ver a personas adultas que tienen dificultades emocionales cuando sus padres están juntos en el mismo espacio. Por difícil que resulte contener el dolor, los padres deben velar por que los hijos mantengan relaciones sanas con ambos, a pesar de las diferencias.

El padre o la madre depende demasiado del apoyo emocional de su hijo

Los niños no están preparados emocionalmente para gestionar lo que sienten respecto a la relación de uno de sus progenitores con el otro. Sin embargo, cuando uno maltrató tanto al otro progenitor como al niño, hablar de ello puede ayudar a que el niño no se sienta tan solo.

Estos son algunos ejemplos de comentarios nocivos:

> «Tu madre es una guarra y me engañó durante toda la relación».
> «Tu padre solo piensa en sí mismo».
> «Tu madre es una holgazana y nunca será nada en la vid».

Estos son algunos ejemplos de comentarios beneficiosos:

> «Veo cómo te afectan las relaciones de pareja de tu madre».
> «Sé que hablar con tu padre puede ser difícil, aunque no sé si él es consciente de ello».
> «Yo también espero que ella tome alguna decisión respecto a su futuro».

Cambios en los recursos económicos de la familia

A veces es imposible controlar los cambios en la economía familiar después de la ruptura, y esta inseguridad económica puede afectar a la sensación de estabilidad del niño. En ocasiones, las familias se mudan a una vivienda más pequeña o a casa de algún familiar, o quizá alguno de los progenitores necesita ayuda económica de sus hijos adultos. Estos cambios son importantes y pueden ser otra de las consecuencias inesperadas de la ruptura que afectan a toda la familia.

Los hijos se vuelven más responsables en casa

Hay veces en que, cuando la pareja se rompe, los hijos asumen la función del miembro ausente o se hacen cargo de más responsabilidades en casa. Como papá ya no está para recoger al hermano pequeño de la escuela, el mayor se ocupa de ello. Por dispuesto que el niño esté a ayudar, es posible que se enoje con sus padres por este cambio en sus obligaciones.

Los padres están absortos en sus propias emociones y se olvidan de las de sus hijos

Los niños sienten cosas, incluso cuando parece que están bien, y necesitan que sus padres estén pendientes de ellos después de la ruptura. Si tu hijo te dice que está «bien», aprovecha la oportunidad para seguir indagando. El cambio siempre es difícil y requiere procesar emociones, también por parte de los niños.

La unidad familiar cambió para siempre

«Y vivieron felices para siempre» no es la realidad en todas las parejas. Tanto los hijos como los padres deben pasar el duelo por la relación perdida y por lo que la vida hubiera podido ser de haber funcionado aquella. Los padres no deberían olvidar que la ruptura es una pérdida para sus hijos tanto como para ellos.

Reparar el daño

Perdonarse

Criar a los hijos desde la pena es el origen de muchas relaciones de codependencia. Los padres nos equivocamos. Así que perdónate por no haberlo sabido hacer mejor o por no haber tomado mejores decisiones. No te centres solo en lo que hiciste mal. Felicítate por lo que hiciste bien y afianza tus fortalezas como padre y madre a medida que avances.

Desarrollar más empatía

La compasión es la clave para ser mejor padre o madre. Los progenitores pueden desarrollar compasión si tienen en cuenta las emociones de sus hijos y se entienden a sí mismos, lo que incluye recordar cómo vivieron su propia infancia. Los adultos somos expertos en infancia, porque todos fuimos niños. Conecta con cómo viviste los cambios en tu vida a determinadas edades y entenderás mejor lo que sienten tus hijos.

Entender tu propia infancia

No críes a tus hijos desde la costumbre. Es posible que algunas de las cosas que hicieron tus padres funcionaran, pero que otras no fueran tan bien. No repitas los patrones de crianza que no te ayudaron o no te beneficiaron. Ábrete a nuevas maneras de hacer en lugar de decir cosas como: «A mí me criaron así y ahora te toca a ti». Los tiempos cambiaron y tus métodos de crianza deberían hacer lo mismo.

Aceptar la imperfección

Repite conmigo: los padres perfectos no existen. Por bien que los críes, tus hijos estarán contentos contigo en algunos aspectos y descontentos en otros. Vi que las personas que se preocupan por su estilo de crianza tienden a hacer un buen trabajo. Es bueno que te preocupes por el impacto que puedas ejercer en tus hijos. Sin embargo, transforma esa preocupación en acciones, en conversaciones intencionales con tus hijos y en autocompasión, cuando sea necesario. No acertarás siempre, pero no pasará nada.

Los padres perfectos no existen.

Reconocer tus errores

Reconocer cómo afectó nuestra actitud a la otra persona puede transformar la relación por completo. Que nos arrepintamos no significa que seamos malas personas, sino que seguimos aprendiendo y estamos abiertos a explorar cómo mejorar. Cuando arregles las cosas con tu hijo:

- Escucha su punto de vista sin defender tus actos ni proclamar tus intenciones. Es vital que sienta que lo escuchas y que validas sus necesidades.
- Agradécele que te haya concedido espacio para explicarte y que te haya escuchado. Agradécele la voluntad de hablar contigo.
- Pregúntale qué necesita en ese momento. No puedes cambiar el pasado, pero averigua qué necesita tu hijo de ti de cara al futuro. ¿En qué puede ser distinta la relación?
- Comprueba con regularidad la salud de la relación. Pregúntale cómo están las cosas entre ustedes como forma de preve-

nir problemas. Esto es especialmente útil con niños que se enojaron con nosotros o que mostraron conductas pasivo-agresivas.

- Dale espacio para que saque a relucir el pasado. Aunque no quieras que te echen en cara constantemente los errores que hayas podido cometer en el pasado, no puedes pasar por alto el daño que quizá todavía hacen a tus hijos. Por lo tanto, concédeles un espacio seguro en el que puedan hablar de lo que sienten acerca del pasado. Por otro lado, esto no significa que los dejes usarte de costal de boxeo; además, deben hablarte con respeto mientras comentan las situaciones que les hicieron daño.

Aquello que no podemos controlar

Hay aspectos de la vida de nuestros hijos adultos que escapan a nuestro control, y darles espacio para que maduren y se conviertan en las personas que son es saludable para la relación. Los hijos adultos son, ante todo, *adultos*. Si los padres comunican su oposición a algo que decidió su hijo adulto, se arriesgan a dañar la relación.

Pasar a una relación entre dos personas adultas puede ser incómodo para ambas partes. Los hijos adultos intentan no ofender a los padres, mientras que estos últimos intentan encontrar su lugar. Sin embargo, recuerda que, cuando tus hijos son pequeños, estás criando a futuros adultos. La relación padre-hijo tiende a cambiar a medida que los niños adquieren autonomía.

El primer cambio comienza cuando el hijo llega a la adolescencia y empieza a pasar más tiempo lejos de los padres y en compañía de sus amigos. Luego, los hijos se independizan, inician relaciones de pareja estables y quizá tienen sus propios hijos. En cada una de estas fases es perjudicial que los padres intenten ejercer en sus hijos el mismo nivel de control que cuando eran pequeños.

QUÉ HACER SI QUIERES MANTENER UNA RELACIÓN SANA CON TUS HIJOS ADULTOS

- **Dales libertad para que tomen sus propias decisiones.** Anímalos a resolver las situaciones por sí mismos, sin darles las respuestas. Quieres que tu hijo aprenda a tomar decisiones saludables por sí solo.
- **Intenta preguntar: «¿Quieres saber mi opinión?».** Si consideras necesario intervenir, pide permiso antes de hacerlo. Si te lo dan, espera a que se desahoguen y, entonces, acompáñalos en la búsqueda de soluciones.
- **Deja de decirles qué les conviene.** Ya los criaste. No sigas haciéndolo.
- **Establece nuevas normas en la relación.** Las tradiciones y los deseos cambian y, por lo tanto, la forma de relacionarse también lo hará a medida que pase el tiempo. Es posible que, cuando tus hijos se independicen, al principio necesiten un contacto más frecuente. Sin embargo, una vez que se hayan establecido, es probable que dos veces al día pase a ser una vez al día y, al final, una vez a la semana o menos.
- **No uses quiénes eran antes para atacarlos.** Permíteles cambiar. No los hagas sentir culpables para que vuelvan a ser la versión de sí mismos que tú prefieres. «Antes me llamabas cada día, pero, claro, ahora estás demasiado ocupado para llamarme».
- **Aprende a compartir.** Tus hijos se casarán y tendrán suegros, pareja, una vida social y profesiones, por lo que tu relación con ellos cambiará irremediablemente.
- **Respeta los límites.** Los padres no tienen derecho a un acceso ilimitado a sus hijos.
- **Sé el cambio que quieres ver.** Padre: «Mis hijos no me llaman nunca». Terapeuta: «Y tú, ¿los llamas?». Padre: «No, están demasiado ocupados». Si quieres que algo cambie, da el pri-

mer paso. No esperes nada de los demás si tú no haces lo que te corresponde.

Cuando pienses en una relación sana entre padres e hijos adultos, date cuenta de cómo los adultos tratan a otros adultos en sus vidas, como los compañeros de trabajo o los amigos. Idealmente, hay respeto mutuo, comprensión y espacio para las diferencias. La relación de los padres con sus hijos adultos prospera cuando los primeros tratan a los segundos con la misma consideración que a otros adultos.

Los hijos adultos siguen necesitando a sus progenitores. Nunca somos demasiado mayores para no necesitar que alguien nos cuide y nos quiera. Algunos hijos se vieron abandonados porque sus padres dejaron de ocuparse de ellos al llegar a la edad adulta. La crianza de los hijos es un compromiso de por vida. Es posible que tus hijos ya sean personas adultas. Sin embargo, eso no significa que no te necesiten. Las necesidades de los adultos son distintas, pero existen.

Recuerda: A los hijos adultos se les acompaña, no se les gestiona.

Causas frecuentes de conflicto

Los padres no pueden elegir a sus hijos, y quererlos pase lo que pase no resuelve los problemas de base. Podemos querer a alguien que no nos cae bien y podemos querer a personas que no nos quieren en su vida. La personalidad, el temperamento y las experiencias vitales determinarán la calidad de la relación entre padres e hijos.

El abuso de sustancias, los problemas de salud mental y las diferencias en el estilo de vida son algunos de los motivos de conflicto habituales en las relaciones padres-hijos. Amor incondicional no significa que los padres deban tolerar cualquier conducta. En realidad, todas las relaciones, incluidas las que se establecen entre padres e hijos, son condicionales.

Abuso de sustancias

El abuso de sustancias puede causar cambios intolerables y nada seguros en la personalidad de los hijos. Los padres pueden decidir entre establecer límites firmes y claros, y manejar la relación desde la distancia. Son ellos quienes deciden dónde está el límite y, en algunos casos, es posible que cortar el contacto sea la opción más saludable. A veces, uno de los progenitores decide tratar al hijo de un modo que no tiene sentido para el otro progenitor, porque cuando un hijo tiene problemas con el abuso de sustancias, es posible que cada uno reaccione de maneras distintas y, por ejemplo, uno niegue el problema o cese el contacto con su hijo, mientras que el otro decide mantener la relación. Es una lástima que los padres adopten posturas distintas a la hora de tratar a un hijo con problemas de abuso de sustancias. La terapia de pareja podría ser un espacio en el que reconocer y aclarar las diferencias sobre cómo tratar a los hijos.

Janine y su esposo, Ronald, criaron a sus nietos. Ronald se negaba a permitir que su hija los viera después de haber perdido la custodia. Janine hablaba de vez en cuando por teléfono con ella y la dejaba hablar con los niños.

Religión

Convertirse o adoptar una religión nueva puede generar tensiones en la relación entre padres e hijos. La religión influye en nuestra visión del mundo y, en algunos casos, esa visión puede llevar a que el hijo cambie su manera de relacionarse con la familia. Las discusiones sobre doctrinas, historia o hechos religiosos pueden causar tensiones o incluso rupturas en la familia. Los padres se suelen sentir más cómodos cuando los hijos deciden seguir con las enseñanzas que les transmitieron, pero convertirse en adulto consiste en gran parte en decidir quién queremos ser.

Si tu hijo opta por un camino religioso distinto, puedes:

- Respetar su deseo de explorar una nueva fe.
- Mostrar curiosidad por la nueva religión, aprender por ti mismo y escucharlo cuando hable de ello.
- Participar en actividades asociadas a la nueva religión.
- Evitar conversaciones acaloradas que puedan terminar en discusiones acerca de la religión.
- Destacar la influencia positiva de la religión en su vida.
- Hablar con él de temas que no tengan nada que ver con la religión.

LGBTQIA+

Aunque mucha gente es ahora considerablemente más tolerante de lo que era antes, aún hay familias en las que queda trabajo por hacer. Una de las mayores preocupaciones que me transmitieron los padres de hijos LGBTQIA+ es el miedo por la seguridad de estos. Y ese miedo los lleva a pedirles que oculten quiénes son, lo cual es muy perjudicial para su autoestima. Además, es muy difícil mantener en secreto una parte importante de quiénes somos.

A veces, los padres se avergüenzan o incluso se sienten culpables. Larry, el padre de Emery, siempre la había calificado de «machorra». Cuando ella le explicó que le gustaban las chicas, Larry respondió que solo era una fase. Inmediatamente, empezó a dar mucha importancia a cómo se vestía su hija y con el tipo de chicas con las que se juntaba. Emery sabía quién era, pero su padre se negaba a aceptarlo.

PARA LOS PADRES

- Un terapeuta te puede ayudar a procesar el cambio en las expectativas que tenías respecto a tu hijo.
- Respeta a tu hijo tal como es, por mucho que no sea lo que deseas para él. Recuerda que aceptarse no es fácil y que ser rechazado lo complica aún más.
- Pregúntale cómo quiere que te dirijas a él o ella.
- Es posible que tu hijo sea una persona distinta a la que tenías previsto. Lamentarlo no cambiará las cosas, pero sí las puede empeorar.

Recuerda: Si quieres que la relación con tu hijo mejore, debes aceptarlo tal como es.

PARA LOS HIJOS

- Da tiempo a tus padres para que se adapten y tomen conciencia de quién eres.
- Establece límites respecto a los pronombres que quieres que usen contigo y a cómo esperas que se te trate.
- Acudir a terapia te puede ayudar a procesar los cambios en la relación con tus padres.
- Si la relación se vuelve disfuncional y afecta a tu salud mental, decide si te quieres quedar en la relación, irte o distanciarte.

Problemas de salud mental

A la mayoría de los padres les resulta doloroso ver que sus hijos se niegan a recibir tratamiento para sus problemas de salud mental. Tuve una vecina a cuyo hijo le habían diagnosticado esquizofrenia. Me advirtió que no le abriera la puerta si pasaba por mi casa. Después de años de intentar obligarlo a que tomara la medicación y fuera a terapia, decidió dejar de enfrentarse a él. Y a causa de algunos incidentes violentos en el pasado, ya no es bien recibido en su casa. Fue una decisión muy dolorosa, pero necesaria.

Diferencias en el estilo de vida

Los hijos adultos deciden lo que quieren ser. Y es posible que decidan no ser el tipo de persona que tenías en mente cuando los educaste.

Las diferencias en el estilo de vida pueden tener que ver con:

Decisiones económicas.
Relaciones amorosas tradicionales frente a no tradicionales.
Alimentación.
Opiniones políticas.

La relación entre Eva y su hijo Miles es tensa desde que él se casó con Amber hace cinco años. Amber se mostró muy controladora y da la impresión de que distanció a Miles de todos sus seres queridos. Para Eva, es como si Miles ya no fuera la persona afectuosa a la que crio, porque permite que Amber eche a perder su relación con todos los demás.

A veces, el deseo de reparar la relación padre-hijo es unilateral. Sin embargo, la reparación no es posible a no ser que ambas partes la deseen.

Criar a hijos adultos

A veces, los hijos adultos no despegan como desearíamos, pero eso no significa que sea útil seguir tratándolos como si fueran niños. Es comprensible que los padres se preocupen y hagan todo lo que esté en sus manos para ayudar a sus hijos adultos a cuidar de sí mismos, pero esa ayuda les puede salir muy cara. Un estudio de MagnifyMoney concluyó que el 22% de los adultos de todas las edades (el 67% en el caso de la generación Z) recibe ayuda económica de sus padres. Algunos padres generan sin querer una relación de codependencia cuando parece que el hijo adulto corre el riesgo de fracasar si no recibe ayuda.

Un estudio de Bankrate concluyó que el 34% de los padres pone en peligro los ahorros de su jubilación ocupándose de los gastos de vivienda, de atención sanitaria o extraordinarios de sus hijos. La solución es compleja, y es posible que requiera ayuda de profesionales, como asesores financieros o terapeutas. Pero la solución no debería depender exclusivamente de los padres.

Los padres quieren asegurarse de que sus hijos estarán bien a cualquier edad y es importante recordar que les pueden ayudar sin hacerlos dependientes.

Estas serían formas de ayudar a un hijo adulto:

- Ofrecer ayuda de forma esporádica y limitada en el tiempo.
- Enseñar al hijo a hacer algo en lugar de hacerlo por él o ella.
- Establecer límites respecto a cómo le vas a ayudar.
- Permitir que encuentre soluciones sin darle las respuestas ni ocuparse de ello por él.
- Desprenderse poco a poco de la función de cuidador para adoptar la de apoyo.

Cuando un hijo adulto actúa sin límites, los padres deben determinar cómo ayudarlo de otra manera para que le resulte útil a largo plazo. La ayuda debe venir acompañada de límites y no puede ir en detrimento de los padres.

Resolver los problemas con los hijos adultos

Terapia familiar

La terapia es un espacio en el que todas las partes se sienten apoyadas. Intentar resolver los problemas solo no es siempre la mejor solución. En ocasiones, los problemas familiares requieren la ayuda de un profesional experto. Durante la terapia afloran dificultades que no se podrían abordar de otra manera.

Si eres la persona interesada en la terapia familiar, estas son algunas de las maneras en que podrías invitar a tu ser querido:

> «Te quiero y quiero trabajar para mejorar nuestra relación. Busqué un terapeuta familiar. ¿Querrías venir a terapia conmigo?».
>
> «Soy consciente de que, cuando intentamos resolver las cosas solos, casi siempre acabamos discutiendo. Me encantaría que habláramos con un profesional acerca de cómo mejorar nuestra comunicación».
>
> «Esta relación es muy importante para mí; por favor, ven a terapia conmigo».

Terapia individual

Si la otra persona no quiere ir a terapia o no te sientes preparado para invitarla a que venga contigo, puedes ir tú solo y trabajar los problemas hasta donde te sea posible. Es muy habitual que las personas que acuden a terapia hablen de la relación que mantienen con otras personas que no acuden con ellas. Puedes aprender a gestionar relaciones difíciles y a procesar tus emociones sin que la otra persona esté allí. La terapia individual te permitirá trabajar en ti y en cómo actúas en tus relaciones con los demás.

Criar a hijos pequeños: puedes modelar el futuro

Podemos cambiar nuestro futuro si hacemos las cosas de otra manera y nos negamos a repetir ciclos disfuncionales con nuestros hijos. ¿Qué problemas hay en tu familia y qué necesitas hacer para lograr un resultado distinto para ti? Hablemos de algunas de las maneras de romper patrones generacionales.

Anima a tus hijos a hablar de sus emociones

Los padres de Sidney se divorciaron cuando tenía once años. Ni ella ni sus hermanos supieron nada hasta que su padre hizo las maletas y se fue. Nadie les avisó de lo que pasaba. Sus padres se limitaron a decirles que todo iría bien. Sin embargo, los niños no se sentían bien en absoluto, porque sus vidas acababan de cambiar muchísimo.

Cada vez que Sidney intentaba hablar del divorcio, su madre cambiaba de tema. Al final, dejó de preguntar acerca de nada que la preocupara, pero eso fue perjudicial, porque los niños necesitan sentir una conexión emocional con los adultos en sus vidas.

Hay familias en las que las emociones son tabú y nunca se habla de ellas. Sin embargo, las emociones existen, aunque no hablemos de ellas. Los niños saben perfectamente cuándo hay una crisis en la familia y hablar con los adultos de cómo se sienten los ayuda a no sentirse solos.

Hay que tener cuidado de no prometer cosas de las que no se está seguro, como que «todo va a ir bien» o que «las cosas no están tan mal». A veces, todo no va bien y las cosas sí están tan mal. Como adulto, puedes escuchar a tus hijos cuando te expliquen cómo se sienten. Quizá no puedas hacer nada para resolver la situación, pero al hablar con ellos de emociones complicadas les demostrarás que estás conectado con ellos y que los quieres ayudar.

Esto es lo que enseña a tus hijos a desconectar emocionalmente:

- Criticarlos por ser sensibles.
- Impedir que muestren sus emociones.
- Presionarlos para que superen lo que sienten antes de estar listos para ello.
- Decir cosas como «estás bien» cuando están tristes.
- Decirles cómo se deben sentir.
- Obligarlos a estar de acuerdo contigo acerca de cómo se «deberían» sentir.
- Evitar conversaciones acerca de emociones.
- No dejarles ver cómo expresamos nosotros las emociones.
- Dar la impresión de que siempre controlamos nuestras emociones.

Pide perdón a tus hijos cuando te equivocas

Ser madre me enseñó que no lo sé todo. A veces me equivoco y, en ese caso, tengo que pedir perdón. De pequeña vi que algunos adultos ponían excusas y se enrocaban cuando se equivocaban. No se disculpaban ni admitían que lo que habían dicho o hecho era incorrecto. Admitir que no sabemos algo es mucho más valiente que fingir que lo sabemos todo.

Pedir perdón a los niños es útil si:

- Les gritamos por ira o frustración.
- Invalidamos o desatendimos sus emociones.
- Nos equivocamos.
- Los pusimos en una situación en la que se tuvieron que cuidar solos sin ayuda de ningún adulto.
- Los culpamos de algo por error.
- Los tratamos mal.

Pedir perdón no siempre mejora las cosas, pero sí hace saber al niño que estamos dispuestos a asumir la responsabilidad que nos corresponde.

Estas serían formas de pedir perdón a un niño:

- «Te grité y no tenía que haberlo hecho. Lo siento mucho».
- «Antes intentaste hablar conmigo y no te hice caso. Lo siento. ¿Me lo podrías volver a decir ahora?».
- «Lo había malinterpretado, tú tenías razón».
- «No tenías por qué saber hacer eso sin ayuda. Tendría que haber estado ahí para ayudarte».
- «Siento haberte echado la culpa antes. Fue culpa mía».
- «Por favor, perdóname por haberte hablado de esa manera. No estuvo bien».

Deja que tus hijos te vean emocionarte y explícales lo que sientes

Ocultar tu dolor no es sano ni para ti ni para tus hijos. Hace falta valor para mostrarse vulnerable y compartir las emociones con los demás. Con demasiada frecuencia, mis pacientes me dicen cosas como estas: «Nunca vi a mi madre alterada. Siempre está tranquila». Normalizar tus emociones ayudará a que tus hijos se sientan cómodos al expresar las suyas. Explícales lo que sientes de un modo adecuado para su edad.

Estas serían formas de explicar lo que sientes:

- «Estoy llorando porque mi madre murió y la extraño mucho».
- «Grité porque estaba enojada».
- «Estoy muy frustrado y necesito unos momentos a solas».

No les niegues lo que sientes cuando vean que la estás pasando mal, o no sabrán cómo responder de un modo orgánico cuando a ellos les pase algo parecido. Los niños pueden gestionar tu sinceridad. No es necesario fingir y decir «no estoy triste» o «estoy bien».

Por supuesto, hay ocasiones en que los adultos dan demasiada información, o lo hacen con demasiada frecuencia, pero hacerlo de vez en cuando es adecuado, siempre que no conviertas a tus hijos en tus cuidadores emocionales. Si te das cuenta de que hablas demasiado con tus hijos de lo que sientes, quizá sea una señal de que necesitas hablar con un adulto, como un profesional de la salud mental.

Pasa tiempo con tus hijos haciendo lo que ellos quieren

Según un estudio reciente, la calidad del tiempo que pasamos con nuestros hijos es más importante que la cantidad de tiempo que estamos con ellos. Por suerte, en la actualidad, los padres tienden a estar más dispuestos a jugar, leer cuentos a sus hijos y participar en actividades infantiles.

No hay una cantidad exacta que determine cuánto es el tiempo de calidad «suficiente», pero es crucial que lo que hagan juntos sea significativo para ellos. Tus hijos necesitan saber que te importa lo que les importa a ellos. Por eso llaman tu atención con invitaciones del tipo «mira lo que estoy dibujando», o «ven a ver la televisión conmigo».

Con frecuencia, los adultos de familias disfuncionales no tuvieron padres que entraran en su mundo y, si lo hacían, eran demasiado rígidos como para divertirse con ellos. Por el contrario, quizá los obligaban a practicar algún deporte, aunque eso no es lo mismo que entrar en el mundo del niño. El niño debe estar interesado en la actividad, no basta con que se le obligue, o ni siquiera con que esté dispuesto a participar en ella. El padre o la madre también debe participar directamente, por ejemplo, ayudando al niño a entrenar o asistiendo a los partidos. En lugar de elegir la actividad del niño, pregúntale qué le gustaría hacer.

Enseña a tu hijo maneras saludables de gestionar los detonantes

Todos nos alteramos emocionalmente, a pequeña o gran escala. Los niños hacen berrinches porque aún no han aprendido a regularse emocionalmente. Por lo tanto, los ayudarás si les enseñas algunas estrategias de autorregulación (ellos solos) o de corregulación (con otros).

La autorregulación puede consistir en:

- Respiraciones profundas a solas.
- Jugar con juguetes antiestrés.
- Escribir un diario.

La corregulación puede consistir en:

- Hablar de lo que le preocupa.
- Respiraciones profundas en compañía.
- Abrazos.

Sé la persona que necesitan y la que desearías haber tenido

Eres un experto en niños porque un día fuiste uno. Recuerda cómo te sentías cuando creías que todo escapaba a tu control. Recuerda cómo te sentías cuando dependías de los adultos para todo. Conecta con lo que necesitaste y con tu yo infantil para entender mejor cómo puedes atender a tus hijos.

Los seres humanos somos únicos y cada uno de nosotros necesita algo ligeramente distinto. Por eso, es imposible satisfacer las necesidades de nuestros hijos si los criamos a todos igual. Por otro lado, criar a tus hijos desde la perspectiva de «esto es lo que necesité yo» tampoco funciona. Tus hijos precisan que recuerdes cómo fue para ti ser niño, pero también que seas lo que necesitan de ti en tanto que personas singulares.

Con el tiempo, el nivel de intervención necesario pasa de un enfoque muy intervencionista a otro en el que te limitas a apoyar el estilo de vida que tu hijo eligió. Aunque los cambios en la relación paternofilial pueden ser complicados, son saludables porque reflejan la maduración y la evolución del niño. Con cada etapa del crecimiento del hijo, el padre cede un poquito más de control. A los hijos les puede resultar difícil superar la transición a hijo adulto. Y la superan bien cuando los padres los apoyan en su camino a la edad adulta y recuerdan que el amor no se define por el control.

EJERCICIO

Busca un cuaderno o un papel y responde a las siguientes preguntas:

- ¿Qué esperabas o esperas de la relación con tus hijos?
- ¿Qué necesitan escuchar de ti tus hijos?
- ¿Qué límites necesitas establecer a la hora de ayudar a tus hijos?

CAPÍTULO 14

Resolver las relaciones con la familia extendida

Es habitual que las relaciones familiares se acaben tensando debido a las dificultades para gestionar las expectativas acerca de la pérdida. La muerte de Albert, el abuelo de Avery, hundió a la familia en el caos cuando se supo que algunos tíos, tías y primos habían sido excluidos del testamento. Así que esperaban que los que sí habían recibido parte de la herencia cedieran una parte a los que habían quedado fuera. Fue un caos.

Aunque Albert quería a sus cinco hijos, a lo largo de los años se fue haciendo evidente que los dos primeros, un hijo y una hija, eran sus preferidos. En vida ayudó económicamente a todos sus hijos adultos, pero en el testamento solo dejó dinero y propiedades a los dos mayores y a dos de sus doce nietos.

Tras el fallecimiento de Albert, la familia dejó de reunirse durante las vacaciones, porque todos discutían acerca del testamento. El padre de Avery, que era el hijo mediano, dejó de hablarse con las dos hermanas pequeñas.

Avery nunca había conectado demasiado con su abuelo, por lo que no la sorprendió demasiado no estar en el testamento. Y no entendía que su padre y sus tías no pudieran dejar a un lado sus diferencias por el bien de la familia. Ella lo veía como una decisión que solo correspondía a su abuelo, pero sabía que expresar esa opinión con honestidad la podía convertir en una excluida.

De pequeña había pasado mucho tiempo con sus primos y sus tíos, pero, ahora que todo el mundo estaba enojado, cada vez le costaba más mantener la conexión. No quería tomar partido, pero tampoco quería tener que esconderse para poder hablar con su familia. Cada vez que hablaba con sus tías, se ponían a criticar a sus hermanos mayores.

Avery estaba organizando su boda y quería invitar a toda su familia, pero le preocupaba tenerlos a todos en la misma sala. Probó varias configuraciones de mesas de invitados para mantener separadas a las facciones, pero sabía que su padre se molestaría si los invitaba.

Avery quería decirle a su padre que invitaría a su hermano y a todas sus hermanas a la boda. Comenzó a venir a terapia para averiguar cómo gestionar la ira de su padre ante lo que podía entender como una traición.

Entre la espada y la pared

Los problemas de la familia nos pueden afectar aunque no tengan nada que ver con nosotros. Las desavenencias de nuestros padres con sus hermanos pueden interferir en la relación con nuestros tíos, primos y abuelos. Sin embargo, no podemos obligar a nadie a mejorar sus relaciones.

Avery quería permanecer neutral y lo había conseguido, siempre que no intentara que los demás se relacionaran entre sí. Había podido visitar y comunicarse en secreto con sus tíos mayores, pero la boda iba a ser una complicación.

Qué podría resultarle útil a Avery

Ser sincera

Aunque es posible que alguien se enoje, Avery puede ser sincera acerca de su deseo de mantener la relación con todos a pesar de los problemas que puedan tener entre ellos.

Poner límites

Avery puede hacer saber a todos que no está dispuesta a ser el receptáculo de todos sus conflictos. Por ejemplo:

> *A su padre:* «Papá, entiendo que estés enojado por haber quedado fuera del testamento. Dejando a un lado los problemas que tienes con tus hermanos, yo no tengo ningún problema con ellos y quiero seguir viéndolos».
>
> *A sus tíos y primos:* «Quiero que nuestra relación tenga que ver con nosotros, no con los problemas que puedan tener con otras personas a las que quiero».

Dejar que cada uno decida

Es posible que si Avery organiza algún evento, haya quien decida no asistir para evitar a otros asistentes. Avery no puede controlar que acudan o no, y tendrá que aprender a gestionar la incomodidad de que no todo el mundo se lleve bien.

Permanecer neutral

No nos corresponde a nosotros resolver las disputas familiares ni ejercer de terapeutas de la familia. Quizá debamos hacer saber a los demás que nos mantendremos neutrales y que nos negamos a formar parte del drama.

Muchas divisiones familiares comienzan por problemas de herencias, chismes dañinos, patrones de disfunción crónica, como adicciones o maltrato, o favoritismos hacia alguno de los miembros de la familia. Si ves series que tratan sobre familias, como *Parenthood*, *This is Us* o *Succession*, te habrás dado cuenta de que estas dinámicas siempre están presentes. Por ejemplo, en la serie *Shameless*, cada miembro de la familia tiene su disfunción particular. Además, el patriarca, Frank Gallagher, tiene un hijo preferido, Liam, quizá porque es el pequeño y porque es el que tiene una visión más positiva de la disfunción de Frank. Como la historia de Liam con su padre es más corta que la de sus cinco hermanos mayores, la imagen que tiene de él está menos distorsionada. Por su parte, Frank presta más atención a la relación, quizá porque es su última oportunidad de ser un buen padre.

Problemas habituales con abuelos, tíos y primos

Discutir acerca de problemas pasados

La historia se repite en muchas familias, en ocasiones durante generaciones, hasta que alguien se atreve a poner sobre la mesa los problemas familiares. Sin embargo, hablar no es lo mismo que discutir, que implica gritar y ser incapaces de dar nuestra opinión. Por supuesto, hay problemas familiares tan profundos que quizá requieran ayuda profesional o haya que dejarlos estar.

En las reuniones familiares, la madre y los tíos de Sally siempre se ponían a discutir por cosas que habían pasado durante sus respectivas infancias. Comenzaban hablando con tranquilidad, pero, inevitablemente, se acaloraban y acababan a gritos. Sally empezó a evitar las reuniones familiares porque las discusiones entre mayores le resultaban insoportables.

Cómo gestionar este problema:

- Entender que no podemos resolver todos los problemas y comprometernos a no sacar esos temas.

- Apartar los problemas cuando afecten a nuestra paz mental.
- Hablar de los problemas con las personas de una en una, no en grupos grandes.
- Irnos antes de que la conversación se acalore.

Sentirse excluido

Quizá hayas oído el dicho de que «si quieres saber cómo es alguien, espera a un bautizo, una boda o un entierro». Las familias experimentan sus mayores dificultades durante eventos vitales significativos, por lo que es importante hablar de las expectativas con antelación.

Por ejemplo, Miguel tenía muy buena relación con su tía, Patrice, y había asumido que, como era su favorito, ella se implicaría más en la organización de su boda. Como él estaba muy ocupado organizando la celebración, hablaba cada vez menos con su tía, y ella se molestó porque se sentía excluida.

Es lógico que tengamos expectativas acerca de nuestras relaciones con los demás, pero no podemos controlar que los demás las satisfagan o no. Y lo que esperamos de las relaciones cambia a medida que maduramos y conocemos a gente nueva. Cuando entablas otras relaciones o cambian tus necesidades, algunos familiares pueden sentirse abandonados. Puede que nuestra hermana no sea nuestra dama de honor o que no invitemos a la comida familiar al que antaño era nuestro primo preferido. Cambiamos y, al cambiar nosotros, también lo hacen nuestras relaciones.

Cómo gestionar este problema:

- Hablar pronto: «Queremos organizar la boda los dos, porque nos ayudará a aprender a cooperar».
- Asegurarnos de que la otra persona nos entendió: «Para mí es muy importante que me entiendas. ¿Qué entendiste?».

Hacer comentarios hirientes

La mayoría de las familias cuentan con al menos un familiar impertinente o maleducado. Muchos lo excusan diciendo que es así y que hay que conocerlo. Sin embargo, y por suerte, no tenemos por qué tolerar a personas crueles solo porque otros toleren su conducta.

Oír ese comentario de «¿te acuerdas de la vez que te hiciste pis en mi cama?» cada cena del día de Acción de Gracias puede acabar cansando. A veces, las familias interpretan las bromas como una conducta que refuerza los vínculos. Sin embargo, hay un punto en el que las bromas dejan de ser divertidas y empiezan a hacer daño, y es importante que hagamos saber a la familia cuándo dejan de ser aceptables. «Solo era una broma» es minimizar, no es una broma.

Hacer comentarios duros y luego pretender que eran una broma también es minimizar. Esto hace daño porque, básicamente, la otra persona está diciendo: «En lugar de admitir la verdad, te haré creer que no sabes lo que dices». Y como resulta tan chocante, nos devanamos los sesos intentando decidir si realmente perdimos la cabeza. La verdad es que no, no perdimos la cabeza y el problema no somos nosotros. La minimización es una herramienta de maltrato que intenta que dudemos de nosotros mismos.

Chris engordó y varios familiares empezaron a hacer comentarios al respecto durante las celebraciones. Algunos incluso hacían bromas. A Chris le dolía, pero no sabía cómo hacer que pararan.

Cómo gestionar este problema:

- Hablar. «No quiero más comentarios sobre mi peso. No es divertido. Es cruel».
- Repetirnos. «Ya lo dije antes. Ya sé que engordé. Que me lo repitan no me ayuda».
- Valorar la frecuencia con la que queremos relacionarnos (o no) con los familiares que ignoran repetidamente nuestra petición.

Ser distintos de los demás

Nunca dejamos de crecer y de cambiar, a veces en direcciones que se alejan de la norma familiar. Y es posible que haya miembros de la familia que tengan dificultades para aceptarlo. No es que no nos quieran, sino que ver cómo cambiamos les recuerda que ellos siguen igual.

Tamara se divorció después de dos años de matrimonio y un hijo en común. Su familia, que creía en el matrimonio para siempre, la rechazó. El divorcio nunca era una opción, pasara lo que pasara en el matrimonio.

Missy era la única de todos los primos que había acabado la universidad. Cuando se convirtió en abogada, la familia bromeaba con que era una «creída». Cuando le preguntaban cosas y respondía, se guardaban la información para echársela en cara más adelante. Missy sentía que tenía que fingir ser otra cuando estaba con su familia.

Cómo gestionar este problema:

- Ser nosotros mismos. Fingir ser algo que no somos es perjudicial para la salud mental.
- Ser conscientes de que no podemos cambiar la percepción del resto de la familia. Nos ven en función de sus propias limitaciones, no de las nuestras. No podemos controlar su deseo de que sigamos igual que siempre.
- Intentar encontrar puntos en común.

Cómo crear la vida que queremos:

- Salir al mundo diga lo que diga la familia.
- Ser amable con la familia sin dejarnos pisar.
- Adquirir nuevos hábitos.
- Aceptar que siempre habrá quien no esté de acuerdo con todas las decisiones que tomamos.
- Creer en nosotros mismos incluso cuando nadie más lo hace.

Debates

Las opiniones políticas, las vacunas para la COVID-19, la injusticia racial, las relaciones abiertas, la identidad sexual y un largo etcétera de temas de conversación pueden ser espinosos. En lugar de entender las diferencias, muchos querrán discutir para cambiar las opiniones de los demás o rechazarán el sistema de creencias o el estilo de vida de otros. El truco está en seguir con nuestra vida y en dejar de intentar cambiar a las personas que se niegan a entendernos.

Un día, Megan decidió que no se quería esconder más, así que llevó a su pareja a la cena del día de Acción de Gracias, a pesar de saber que su familia no apoyaba su relación con otra mujer. Se estaba haciendo mayor y la opinión de los demás cada vez le importaba menos. Aunque sus abuelos se mostraron reticentes, sus padres y hermanos la aceptaron tal como era.

Cómo gestionar este problema:

- Entender que la familia no tiene por qué estar de acuerdo con nuestras decisiones.
- Mantener con antelación conversaciones individuales sobre qué esperamos de la conducta de cada uno. Deben respetarnos incluso si no están de acuerdo o no aceptan nuestras decisiones.
- Alejarnos de las situaciones en las que nos sentimos despreciados o ridiculizados por ser como somos. No podemos cambiar a los demás, pero tampoco estamos obligados a estar en su compañía.
- Negarnos a discutir. Dos no se pelean si uno no quiere, así que nos podemos negar a discutir con el otro.

Problemas de herencias

Las relaciones familiares se pueden complicar mucho cuando hay dinero de por medio. Es posible que haya quien crea que tiene derecho a una herencia por la relación que mantenía con el difunto. También es posible que los familiares discutan si creen que algunos no merecían recibir nada de dinero. Cuando las herencias son una sorpresa y hay quien se siente excluido, pueden estallar batallas campales entre los vivos.

La situación de Avery tras el fallecimiento de su abuelo era injusta, pero podía decidir cómo quería responder ante las disputas familiares que estallaron.

Cómo gestionar este problema:

- Preguntar en lugar de asumir que conocemos los motivos de alguien.
- Ser conscientes de con quién estamos enojados y no descargar la ira en otros. No podemos controlar cómo deciden gastar los demás su dinero o a quién deciden dejar sus propiedades.
- Si nos sentimos cómodos, podemos hablar abiertamente acerca de nuestro testamento para evitar las sorpresas luego entre los herederos.

Recuerda esto: Los familiares son las personas con las que tenemos lazos de sangre, y la familia son las personas que nos ofrecen un sentido de pertenencia, aceptación y conexión. Si queremos mantener ciertas relaciones, quizá tengamos que aceptar que algunos de nuestros familiares no encajan en nuestra imagen ideal. Quizá tengamos que encontrarnos con ellos a medio camino y resistirnos a la tentación de «jalarlos» hacia donde estamos nosotros. Hay cuestiones por las que vale la pena discutir y otras por las que no. No tenemos que tolerar el maltrato de otros solo porque sean «de la familia».

EJERCICIO

Busca un cuaderno o un papel y responde a las siguientes preguntas:

- ¿Cuáles son los principales problemas en tu familia extendida?
- ¿De qué familiares te sientes más lejos y de cuáles te sientes más cerca?
- ¿A qué obstáculos te enfrentaste cuando intentaste mejorar las relaciones con tu familia extendida?

CAPÍTULO

15

Tratar con la familia política

Muchos de mis pacientes se quejan de su familia política y, en especial, de sus suegros. Nia soñaba con tener una relación excelente con Doris, su suegra. Al fin y al cabo, su madre no era lo que había esperado y anhelaba tener otra oportunidad para vivir una relación madre-hija.

Por desgracia, Doris no satisfizo las expectativas de Nia. En lugar de vivir un sueño hecho realidad, Nia se vio atrapada en una pesadilla. Doris era controladora y cruel, y actuaba como si fuera la novia de su hijo, en lugar de su madre. Sin embargo, parecía que Nia era la única que tenía problemas con la personalidad acaparadora de Doris.

Al principio se llevaban bien, pero empezaron a tener problemas cuando Nia y Will, su esposo, decidieron comprar su primera casa. Will no habló primero con Nia acerca de las distintas opciones de compra, sino que lo hizo con su madre. La oferta de Doris de ayudar con la entrada vino acompañada de todo tipo de opiniones, desde dónde comprar la casa hasta cómo debían decorarla. Daba consejos que nadie le pedía e interfería en la relación entre Nia y el hijo que esta tenía de una relación anterior, así como en la relación de Nia y su madre.

La situación provocaba discusiones entre Nia y Will, que siempre veía las cosas como su madre. Will afirmaba que, como Nia no había tenido una relación sana con su propia madre, lo que a ella le parecía una actitud controladora era, en realidad, saludable y normal. Frustrada, decepcionada y enojada, Nia cuestionaba su propia cordura. ¿Sería verdad que actuaba de una manera irracional, sesgada y cruel?

Acudió a terapia, porque no sabía qué era adecuado y qué no. «Estoy harta de discutir sobre alguien que ni siquiera vive en mi casa —me dijo—. Quiero a mi esposo, pero no puedo vivir así. Nos llevamos bien y, entonces, Doris vuelve a las andadas e intenta controlar nuestra vida. Intento dejar que lo gestione mi esposo, pero no lo hace».

El trato con la familia política

Muchas personas se sienten obligadas a mantener una relación con su familia política incluso cuando esta no es sana. La realidad es que es nuestra pareja quien tiene una relación concreta con su familia, y nosotros tenemos derecho a decidir qué tipo de relación queremos mantener con nuestra familia política. No tenemos la obligación de soportar relaciones disfuncionales con nadie (suegros incluidos), y tampoco podemos transformar a estas personas en sus versiones ideales, tal y como lo imaginamos. Cuando dejamos de esperar que nuestra suegra sea una figura materna ideal, podemos aceptarla como es y forjar una relación cordial o más íntima. Cuando dejamos de esperar que nuestra cuñada sea más esto o menos aquello, la podemos aceptar tal como es y desarrollar la mejor relación posible entre ambas o decidir que la relación no es sostenible.

Una relación cordial con los miembros de tu familia política podría ser así:

Saludarlos.

Hablar con ellos cuando sea necesario.

Limitar las conversaciones sobre temas que puedan derivar en una discusión.

Decidir cuánto tiempo pasaremos en una reunión familiar.

Decidir si queremos asistir a las reuniones familiares.

Decidir si se pueden quedar a dormir en casa cuando vengan de visita y si nosotros nos quedaremos en su casa cuando los visitemos.

No estoy sugiriendo actuar de maneras pasivo-agresivas con la familia política, por ejemplo, excluirla deliberadamente. Sin embargo, sí que podemos decidir hasta dónde queremos llegar en la relación. No elegimos a la familia política, sino que nos la encontramos cuando nos emparejamos. Por lo tanto, podemos decidir cómo serán las relaciones con ella. A veces, lo mejor que podemos hacer por alguien es mantenerlo a cierta distancia. Podemos decidir ser cordiales, no íntimos.

Podemos decidir ser cordiales, no íntimos.

Buscar la aceptación

La expresión «familia política» abarca a cualquier persona de la familia de origen de nuestra pareja. Hay quien llega a esas relaciones con la expectativa de encontrar a su segundo padre o madre, o a la mejor cuñada del mundo. Mantener expectativas realistas nos puede ahorrar un desengaño. Sin embargo, esto no significa que no debamos tener expectativas; sino que debemos ser sensatos. Quizá sea difícil aceptar que nuestros suegros, por ejemplo, no pueden satisfacer nuestros deseos más profundos, pero aceptarlos como son es más útil que intentar transformarlos en nuestras personas ideales.

Problema: Tu cuñada habla de ti a tus espaldas con otros miembros de la familia.

Aceptación: Explícale solo las cosas que no te importe que sepan los demás.

Hay que tener cuidado a la hora de explicar lo que sentimos a personas que:

- Te dicen lo que debes sentir.
- Invalidan lo que sientes.
- No se alegran por ti.
- Intentan que sigas adelante sin haber procesado tus emociones.
- Parecen estar demasiado distraídas para escucharte.
- Parecen estar absortas en sus propios asuntos.
- Te dicen inmediatamente lo que hiciste «mal».
- Te presionan para que expliques más de lo que quieres.
- Te critican a la primera oportunidad.

Problema: Tu suegro no se relaciona con tus hijos, sus nietos.

Aceptación: No inventes excusas para su comportamiento.

Forja relaciones con otras personas que sean una figura de apoyo beneficiosa para tus hijos.

Recuerda que las figuras de apoyo no tienen por qué ser necesariamente miembros de la familia.

Aunque todas las normas tienen excepciones, las personas suelen ser hoy quienes fueron en el pasado. No nos debería sorprender que hagan lo que siempre han hecho.

Estás entrando en una familia preexistente

Como personas ajenas al sistema familiar, es muy probable que veamos las cosas distintas a como las ven los demás. Si entramos en una relación ya existente y nos proponemos cambiarla, haremos más mal que bien. Intentemos entender la dinámica de la relación en lugar de tratar de cambiarla directamente. A veces, las dinámicas que observamos no son un problema para los demás.

Nia creía que su suegra era muy controladora, pero Will interpretaba esa misma conducta como una demostración de afecto. Quizá a Nia le sería más útil comunicar qué quiere en lugar de intentar que su esposo vea las cosas como ella.

Ejemplo: Doris quiere ayudar con la entrada y comienza a dar consejos acerca de dónde deberían vivir.

Posible solución: Nia y Will hacen una lista de los requisitos que quieren que cumpla su futuro hogar. Cuando Will comenta las sugerencias de su madre, Nia lo remite a la lista en lugar de quejarse de las opiniones de su suegra.

Ejemplo: Doris quiere que su nieto se quede una noche a dormir, pero a Nia le parece que aún es demasiado pequeño.

Posible solución: Nia habla con Will de lo que le preocupa y acuerdan cuándo sería adecuado probar que se quedara a dormir.

En el trato con mis pacientes, estos me hablaron de las siguientes dificultades con su familia política:

- Comunicación con el ex de tu pareja.
- Críticas y juicios.
- No respetar tu tiempo.
- Desavenencias sobre la crianza de los hijos.
- Hacer cosas con tus hijos que se les pidió explícitamente que no hicieran.

- Entrometerse en las discusiones de pareja.
- Hacer chantaje emocional respecto a nuestra implicación en la familia.
- Diferencias religiosas.
- No respetar la intimidad.
- Contar chismes con otros familiares.
- Querer ser los protagonistas de los momentos importantes de la pareja.
- Relaciones codependientes y aglutinadas.
- Afán de protagonismo.
- Ofrecer constantemente consejos que nadie pidió.
- Ofrecer ayuda con condiciones o con el deseo de controlar la situación.

No se trata de una lista exhaustiva, pero abarca varios de los problemas más frecuentes con la familia política.

Qué hacer con respecto a los problemas más frecuentes

Comunicación con el ex de tu pareja

A veces, los suegros o algún miembro de la familia política sienten apego por el ex de nuestra pareja, por mucho que nos ofenda, y mantienen la relación con él o ella, porque era «como de la familia». En la medida de lo posible, lo aconsejable es pedirle a nuestra pareja que hable de ello con su familia. Si no quiere, quizá tengamos que mantener alguna que otra conversación incómoda con la familia política.

Estos son algunos consejos útiles:

- Hacerles saber que nos incomodan las conversaciones acerca del ex de nuestra pareja.

- Comunicar a nuestra pareja nuestras expectativas sobre cómo nos gustaría que gestionara las interacciones con su ex.
- No podemos controlar las relaciones de nuestra familia política con otras personas, pero sí que les podemos hacer saber cómo nos hacen sentir esas relaciones.

Recuerda que algunas exparejas se convierten en familia cuando hay hijos de por medio. En esta situación, resulta útil mantener un contacto cordial. A veces, la familia política puede ejercer de amortiguador en caso de conflicto con las exparejas con las que debemos compartir la crianza de los hijos.

Críticas y juicios

Los juicios se vuelven problemáticos cuando alguien anuncia verbalmente su opinión ante los demás. Doris, la suegra de Nia, la criticaba por no mantener una relación más saludable con su propia madre, y repetía una y otra vez que «madre no hay más que una». Esa creencia le funcionaba a Doris, pero no a Nia.

Esto puede ser útil:

- Aceptar que nuestra familia política puede tener una idea distinta a la nuestra respecto de cómo deben ser las relaciones familiares y que no tenemos que intentar encajar en su molde.
- Dar ejemplos de cuándo la familia política nos juzgó: «A pesar de lo mal que mi madre se portó conmigo, me dices que la mala persona soy yo por no querer relacionarme con ella. Me criticas a mí».
- Explicar solo lo que necesiten saber, no cosas que puedan juzgar o criticar.

No respetar tu tiempo

Somos los únicos dueños de nuestro tiempo. Si queremos que nuestra familia política respete nuestro tiempo, probablemente tengamos que cambiar cómo le permitimos usarlo.

> Suegros: «En julio iremos a la playa y correremos con todos los gastos».
>
> Podemos decir que no.
>
> Suegros: «Son las primeras navidades de nuestra nieta y estamos impacientes por cubrirla de regalos».
>
> Podemos poner límites a los regalos que reciben nuestros hijos.
>
> Suegros: «Nos gustaría que se quedaran a dormir en Nochebuena».
>
> Podemos organizar nuestras propias navidades.

Esto puede ser útil:

- Explicar con antelación los planes para las vacaciones.
- Acceder a las propuestas cuando nos encajen tanto a nosotros como al resto de los implicados.
- Hablar con nuestra pareja antes de acceder a nada.

Desavenencias sobre la crianza de los hijos

Podría ser que la manera en que criamos a nuestros hijos ofenda a nuestros suegros, porque les obliga a cuestionar la forma en que ellos criaron a sus vástagos. Cuando nos señalan las diferencias o nos sugieren que hagamos las cosas de otra manera, debemos defender nuestro estilo de crianza.

Estas serían formas de defender nuestro estilo:

- «Veo que tú no lo hiciste así, pero esta es mi preferencia y te pido que la respetes».
- «Cuando me corriges delante de mis hijos, debilitas mi autoridad».
- «Gracias por la idea. Nosotros lo hacemos de otra manera».
- «Es lo que nos recomendó el médico y coincide con la investigación médica más actual».

Nos pueden dar consejos, pero si la información no encaja con nuestra manera de hacer, desestimémosla. Y si los suegros nos hacen una sugerencia no apropiada tras otra, debemos pedirles que paren.

Estas serían formas de decir que paren:

- «Me cuesta procesar tantas sugerencias. Necesito escucharme a mí misma. Dejen de decirme lo que tengo que hacer».
- «Sé que tienen más experiencia como padres, así que cuando necesite algo, ya les preguntaré».
- «Cuando necesite una opinión, se la pediré directamente».

Tus suegros no tienen por qué estar de acuerdo con tu estilo de crianza, y es más que probable que tengan algunas diferencias. Usa tu voz para expresar las necesidades de tu familia. Mientras, no pasa nada por enojarse por los comentarios o por preocuparse por lo que puedan pensar. Sea como sea, no creas que debes abandonar un estilo de crianza que les funciona a ti y a tu familia.

Hacer cosas con tus hijos que se les pidió explícitamente que no hicieran

A veces comunicamos con claridad nuestras expectativas, pero nuestros suegros o el resto de la familia política tienen otras ideas.

Una vez oí a un suegro decir: «No tiene sentido que un niño que tiene alergia a los frutos secos no pueda comer ni un solo cacahuete nunca». Los padres siempre deben estar atentos y presentes si los suegros no respetan cuestiones de seguridad graves.

Hay situaciones debatibles, pero otras son innegociables. Es útil decidir junto a la pareja si aceptamos que nuestros hijos consuman más azúcar en casa de los abuelos o si el azúcar supone un problema para el niño, incluso si es muy de vez en cuando. Nosotros, junto a nuestra pareja, somos quienes decidimos las normas relativas a nuestros hijos y a nuestro hogar. Es posible que haya a quien no le guste respetarlas, pero son nuestras normas y no son negociables.

Esto puede ser útil:

- Comunicar el problema en el momento o poco después. «No les den más de eso», o «el otro día, cuando vinieron, les pedí que no ___. Me gustaría que en el futuro___».
- Afirmar las diferencias entre nuestro estilo de crianza y cómo les gustaría a ellos que criáramos a nuestros hijos.
- Recordarles que lo hacemos por el bien del niño y que practicamos lo que a nosotros nos funciona mejor.
- Hacerles saber que queremos que tengan una relación con nuestros hijos y que, por eso, es importante que respeten nuestras normas.

Entrometerse en las discusiones de pareja

A veces, nuestra pareja se desahoga con su familia. Y, en consecuencia, los suegros se entrometen demasiado en nuestros asuntos.

Cómo gestionar los consejos no solicitados

- Estar alineados con la pareja, si es posible.

- Expresar verbalmente: «No quiero que opinen acerca de nuestra relación».
- Si intentan entrometerse, recordarles que su intervención no es bien recibida.
- Animar a nuestra pareja a ir a terapia si necesita desahogarse.

A veces, los suegros guardan rencor mucho después de que la pareja haya resuelto el conflicto. Invitar a la relación a partes interesadas puede perjudicar a la pareja, así como a la relación con los suegros. Cada uno debe librar sus propias batallas.

Cada uno debe librar sus propias batallas.

Hacer chantaje emocional respecto a nuestra implicación en la familia

La familia nuclear se compone de la pareja y de las personas que dependen de esta y viven bajo el mismo techo. Dar prioridad a la familia extendida puede perjudicar a la familia nuclear.

Cada verano, Rachel planificaba las vacaciones en la playa de toda la familia, que eran unas veinte personas. La planificación le resultaba muy estresante y se volvía más irritable tanto con su pareja como con sus dos hijos. Al principio le parecía divertido conseguir que la gente se comprometiera a unas fechas, unos lugares y unas actividades concretas. Luego se convirtió en un trabajo que ya no quería desempeñar. Cada vez que mencionaba la posibilidad de dar un paso atrás para que otra persona tomara las riendas, su suegra le recordaba lo bien que se le daba y lo mucho que todos contaban con ella.

Por mucho que los demás intenten hacernos chantaje emocional, no deberíamos sentirnos culpables por querer conservar la cordura.

Cuando alguien intente hacerte chantaje emocional, responde así:

- «Parece que no te gustó mi respuesta, pero no tengo otra».
- «Podemos querer cosas distintas».
- «Estás intentando que me sienta mal».
- «No daré mi brazo a torcer».
- «Intentas saltarte mis límites».
- «Deja de intentar que me sienta mal solo porque quiero algo distinto».
- «Ya dije lo que pienso y no cambiaré de opinión».
- «Te entiendo, pero la respuesta sigue siendo que no».

Diferencias religiosas

La religión afecta a la cultura, y la cultura afecta a la dinámica familiar. Sería demasiado simplista aconsejar que no hablemos de ello y punto. Hay diferentes denominaciones incluso dentro de una misma religión. Cuando una causa nos importa, es normal que queramos que los demás sientan lo mismo. Por lo tanto, a veces queremos compartir nuestras ideas religiosas.

Si tus suegros insisten en que bautices al niño cuando tú no quieres, o en que asistas a determinados actos religiosos, les puedes pedir amablemente que abandonen la idea y afirmar que ya tomaste tu decisión, y que eso significa que los niños no participarán tampoco. Quizá su intención sea motivarte para que cambies de opinión. Hazles saber que tu decisión es firme.

Para coexistir en paz prueba esto:

- Céntrate en lo que los une en lugar de en lo que los separa.
- Expresa claramente lo que es respetuoso y lo que no.

- Si no quieres hablar de religión, no hables de religión. Comunica directamente a los demás que decidiste no entrar en debates religiosos acalorados.
- Comunica que quieres que la relación funcione a pesar de las diferencias.

No respetar la intimidad

No estamos obligados a explicar las cosas si no estamos preparados para ello. No hay ninguna norma que diga que la familia debe ser la primera en enterarse de lo que sea. A veces necesitamos procesar las cosas a solas, con la pareja o con las personas con quienes convivimos.

Por ejemplo, Denise ya tenía tres meses cuando le dijo a su cuñada que volvía a estar embarazada. Su cuñada le preguntó por qué había esperado tanto tiempo antes de comunicarlo. Se trataba del tercer embarazo de Denise después de dos abortos espontáneos. No soportaba tener que explicar que había perdido a los bebés porque, además de procesar su propia tristeza, tenía que afrontar las preguntas y la tristeza de los demás. Era demasiado para ella y, esta vez, había decidido que no quería volver a pasar por lo mismo.

No podemos controlar la respuesta de los demás si les molesta cuándo decidimos explicarles algo, o si lo contamos o no. No necesitamos un motivo especial para abstenernos de compartir información que nos compete y podemos explicar tanto o tan poco como queramos. A veces, necesitamos guardar el secreto porque no queremos que nos compadezcan o por no tener que afrontar la respuesta del otro, porque no estamos preparados o, sencillamente, porque no es asunto de nadie. Ser reservado no es lo mismo que guardar secretos.

Contar chismes con otros familiares

Contar chismes es compartir información privada o rumores falsos, malintencionados o críticos sobre la vida de otra persona. Es una manera habitual de conectar con los demás, compartiendo información sin el permiso de la persona interesada y de tal modo que puede acabar perjudicando la relación. En algunas familias, el chisme es una manera habitual de conversar y de conectar, aunque no necesariamente sea saludable. A veces se cuentan cosas para demostrar preocupación. El chisme desplaza la conversación de las personas presentes a otras ausentes.

Ser objeto de chismes demuestra que no podemos confiar en la relación. No podemos impedir que los demás cuenten cosas, pero sí controlar qué les explicamos o dejamos de explicar. Si un familiar te demuestra que no puede guardar tus secretos, no le expliques nada que no quieras que se sepa. Si alguien difunde información errónea acerca de ti, podría ser útil dirigirte a él y sacarlo de su error. Sin embargo, hay quien difunde rumores falsos a sabiendas, porque son más interesantes que la verdad, o porque intentan presentarnos bajo una luz determinada.

Si te sucede, muéstrate vulnerable y explica cómo te sientes al ser objeto de chismes y rumores.

> «Quiero confiar en ti, pero es muy difícil si sé que luego se lo vas a contar a los demás».
>
> «Deja de airear mis asuntos si quieres que te siga contando cosas».
>
> «Me duele saber que hablaste mal de mí a mis espaldas».

Si no quieres participar en chismes, puedes decir:

- «No me siento cómodo hablando de ellos si no están aquí».
- «Si quisieran que lo supiera, me lo habrían dicho directamente».
- «No es asunto mío».

- «Preferiría que me hablaras de cómo estás tú».
- «No tengo nada que aportar a la conversación».
- «No quiero intervenir».
- «No me siento cómodo hablando de esto».

Querer ser los protagonistas de los momentos importantes de la pareja

Hay personas que no pueden evitar convertirse en el centro de todo. Cuando veas que alguien secuestra una experiencia, ya sea tu boda o el nacimiento de tu hijo, o que se hace con el protagonismo de alguno de tus momentos importantes, recuerda que la gente es como es incluso en los momentos especiales. Son así. Sin embargo, aceptarlo no significa tener que tolerarlo. Recuérdales que la experiencia gira en torno a ti y a tu pareja, o comunica con claridad cuáles son tus expectativas antes del evento y qué pasará si no respetan los límites.

Aceptar no significa esperar que los demás sean distintos solo porque es lo que queremos nosotros. Sin embargo, sí deben saber qué esperamos de ellos. Sea como sea, hay personas que son incapaces de cumplirlo por mucho que lo sepan. Si aceptamos a las personas tal como son sin intentar cambiarlas, quizá haya partes de nuestra vida en las que no puedan participar, o quizá puedan hacerlo, pero de otra manera.

Relaciones codependientes y aglutinadas

Es posible que la codependencia forme parte de la cultura de tu familia política. De ser así, recuerda que intentar hacer cambios rápidos en las relaciones de los demás nunca sale bien. Aunque podemos comunicar a nuestra pareja las dificultades que afectan a nuestra familia nuclear, si le decimos que debe cambiar la manera en que se relaciona con su familia porque no nos gusta, probablemente hagamos más mal que bien. Aunque nos parezca que ayudamos a nuestra pareja cuando le decimos cómo debería comportarse en sus relaciones, si las dinámicas en cuestión no lo molestan ni a él ni a la otra persona implicada, lo mejor es observar sin intervenir, excepto en caso necesario.

Podemos tener preferencias relacionales distintas a las de nuestra pareja. La clave reside en hablar directamente de cómo estas diferencias afectan a nuestra relación, en lugar de etiquetar su conducta como codependiente.

> «Si le prestas dinero a tu hermano antes de que hayamos pagado las facturas, las pagaremos tarde».
>
> «Tu madre se presenta en casa sin avisar y eso afecta al tiempo que pasamos juntos».

Afán de protagonismo

Cuando Tina se casó con Amari, fue a mirar vestidos con su madre y su suegra. Su madre encontró un vestido lila precioso que conjuntaba con los vestidos de las damas de honor, mientras que su suegra insistió en llevar un vestido blanco que le llegaba a la rodilla. Tina creía que solo la novia debía ir de blanco y la madre de Amari insistía en que quería llamar la atención, porque era la madre del novio.

Oí demasiadas historias de suegras apoderándose de la boda o de suegros robando el protagonismo a las parejas en los grandes momentos de estas. En estos casos resulta útil dejar de fingir que la gente cambia cuando cambia la ocasión. Vale la pena hablar cuanto antes de cuáles son nuestras expectativas y recordarlas, si es necesario, llegado el momento.

Ejemplos:

«Mi *baby shower* está cerca y sé que algunas de mis amigas no te caen bien. Te ruego que seas cordial en este día tan importante para mí».

«Es mi entrega de premios y sé que están muy contentos, pero no griten durante mi discurso».

Ofrecer constantemente consejos que nadie pidió

Cada uno de nosotros tenemos una opinión y, si no queremos saber la del otro, lo mejor es que se lo hagamos saber. Podría ser que en la familia de nuestra pareja exista la norma tácita de dar la opinión sin más.

Si un familiar te da consejos que no le pediste, puedes responder así:

- «Gracias por decírmelo, aunque ya lo solucioné».
- «Quizá es lo que te iría bien a ti, pero yo no me siento cómodo haciendo eso».
- «Por favor, deja de decirme lo que he de hacer».
- «Parece que quieres ayudar, y lo que me ayudaría ahora es que me escucharas».
- «Quiero resolverlo sin ayuda de nadie».
- «Sé que tienes buena intención y me cuesta decírtelo, pero es que no quiero consejos. Cuando los quiera, los pediré».
- «Necesito desahogarme, no que me den consejos».

Ofrecer ayuda con condiciones o con el deseo de controlar la situación

La ayuda que viene acompañada del deseo de control no es sana. Si nuestros suegros tienen una historia de ayudar primero y exigir después, debemos ser conscientes de ello antes de aceptar su ayuda.

Cuando la ayuda venga con condiciones, puede ser útil:

- Buscar ayuda en otro sitio.
- Hacer que sean conscientes de su patrón de conducta y pedirles que no exijan.
- Pedirles que aclaren las condiciones previamente y, entonces, decidir si queremos aceptar la ayuda.
- No volver a pedirles ayuda.

Las relaciones con los suegros y la familia política son complejas porque, en lugar de aceptar a las personas como son, intentamos transformarlas en quienes nos gustaría que fueran. Es posible que nuestros suegros no sean lo que habíamos imaginado.

Recuerda esto: Podemos cambiar cómo nos relacionamos con nuestra familia política y replantearnos su conducta.

EJERCICIO

Busca un cuaderno o un papel y responde a las siguientes preguntas:

- ¿Cuáles son los aspectos más complicados de tu relación con tu familia política?
- ¿Qué conductas puedes cambiar para lograr mejores resultados en esas relaciones?

CAPÍTULO 16

Tratar con familias reconstituidas

Jason quería a Tanesha, pero el hijo de esta, Caleb, era tan difícil que, a veces, dudaba sobre si había hecho bien en casarse con ella. La pareja tenía tres hijos en total, dos de los cuales eran de la relación anterior de Tanesha. Caleb tenía catorce años, Callie tenía doce y Jaden, el niño que tenían en común, tres. Callie era respetuosa y no interfería, mientras que, en ocasiones, Caleb era maleducado y buscaba la confrontación.

Jason y Tanesha tenían estilos de crianza distintos, pero como Jason era padre desde hace poco, ella no aceptaba sus opiniones. «Soy un hombre y sé que los niños no necesitan que sus madres los mimen», decía él con frecuencia. Tanesha no estaba de acuerdo con él y criaba a sus hijos como había hecho siempre.

Este era el único tema por el que discutían, y Jason no quería que su hijo creciera como los dos hijos mayores de Tanesha.

La conducta de Caleb llevaba a que Jason excluyera a los dos hijos de Tanesha de las reuniones con su parte de la familia. Además, cuando estaban todos juntos, era evidente que sus familiares daban preferencia a Jaden y apenas interactuaban con Caleb o Callie. Después de ver que estas situaciones se repetían en varias ocasiones, y dado que eran lo bastante grandes como para quedarse solos en casa, Tanesha se lo permitía casi siempre.

Tanesha tenía la sensación de que siempre tenía que luchar para que se tratara a «sus» hijos de un modo justo. En el fondo, sabía que Jason consideraba a «sus» hijos como una carga y que le costaba conectar con ellos. Ella había intentado hacer bien las cosas y no les presentó a Jason hasta que la relación fue más seria. No se fueron a vivir juntos hasta que se casaron e incluso intentó integrar a toda la familia con vacaciones y salidas compartidas.

El padre de Caleb y de Callie no estaba tan presente como a Tanesha le hubiera gustado, pero sí que los ayudaba económicamente. Cuando ella conoció a Jason, supo que sería una figura paterna fantástica para sus hijos y sobre todo para Caleb. Cuando salían, todo fue bien. Pero cuando se casaron y nació Jaden, la relación entre Jason y Caleb empeoró. Tanesha estaba cansada de estar en medio y anhelaba poder estar tranquila en su casa.

El lenguaje importa

Cuando trabajo con familias reconstituidas, siempre me fijo en cómo hablan de sus relaciones. Con frecuencia escucho un lenguaje posesivo, como «mi hijo», «mi hija», «mi casa», o bien se pone distancia, como «su hijo», «su hija» o «su casa». El apego o desapego que sentimos por personas o cosas se manifiesta rápidamente. Y no es que oiga este tipo de lenguaje solo durante las sesiones, sino que es así como se habla en muchos de los hogares de familias reconstituidas. La forma en que hablamos es un reflejo de cómo entendemos y cómo nos sentimos respecto a las situaciones.

Si decimos que «no hay manera de que su hijo saque la basura sin tener que repetírselo al menos cinco veces», lo que estamos diciendo en realidad es: «No es mi hijo y es ella (o él) quien debe controlarlo».

Si decimos «esta era mi casa antes de que vinieras y las normas no pueden cambiar de la noche a la mañana», lo que estamos diciendo en realidad es: «No estoy dispuesto a ser flexible para adaptarme a tu manera de hacer las cosas».

El **lenguaje de unidad** suena así: «nosotros», «el/la», «nuestro, ellos» o nombrar algo directamente.

EJEMPLOS DE LENGUAJE DE UNIDAD

> «Tenemos que hablar acerca de cómo animarlo para que participe en casa sin tener que perseguirlo».
>
> «Tenemos que adaptar las normas de casa y ajustarlas a los estilos de crianza de cada uno».

Criar a los hijos es un deporte de equipo y los padres, ya sean biológicos o no, tendrán diferencias de opinión. Lo mejor que pueden hacer las parejas es practicar la comprensión y ser flexibles respecto a cómo crían a los hijos. Hay infinidad de libros sobre crianza, porque es una relación muy compleja y complicada de gestionar. Aunque sabemos mucho acerca de qué es nocivo para los niños, nadie sabe cuál es la mejor manera de actuar. Cuando educamos a nuestros hijos junto a nuestra pareja, es importante recordar que nuestra manera no siempre es la mejor.

También es crucial pedir a la familia extendida que use el lenguaje de unidad. Si alguien dice algo como «el hijo de tu esposa...», lo podemos corregir con «nuestro hijo» o «mi hijo adoptivo».

CONECTA ANTES DE MANDAR

Los padres biológicos se benefician del tiempo de unión que compartieron con sus hijos desde su nacimiento. Por lo tanto, cuando los reprenden, es probable que lo acepten mejor que si esa riña viene de la nueva pareja de su padre o madre. Para forjar relaciones que funcionen, tenemos que forjar conexiones con los hijos de nuestra pareja antes de empezar a imponerles normas o a aplicar estructura y disciplina.

Para que la relación funcione, el padrastro o la madrastra debe promover la confianza, la constancia, la comprensión y el respeto. Me di cuenta de que, muchas veces (¡demasiadas!), las nuevas parejas de los padres biológicos creen que se merecen el respeto de los niños solo por ser adultos. Pero no es así. La verdad es que, con mucha frecuencia, los niños son obedientes, pero no respetuosos porque, como no pueden controlar su entorno, consideran que limitarse a obedecer es la menos mala de las opciones.

Como son los adultos quienes crearon una nueva realidad para la familia, son ellos quienes deben cultivar la relación con sus hijastros. En las familias reconstituidas, no se puede estar ahí para el padre o la madre sin estar ahí también para el niño.

Por ejemplo, Tam, la hija de Sierra, tenía dieciséis años y sufría depresión desde hace muchos años. Noelle, la pareja de Sierra, creía que Tam era una vaga y que había que presionarla para que hiciera las cosas. Así que la presionaba, porque Sierra no lo hacía. La pareja discutía acerca de cuál era la mejor estrategia y, como Noelle no entendía qué entraña estar deprimido, interpretaba que Tam era una vaga, en lugar de entender que la depresión le arrebataba la motivación. Cuando la pareja supo más acerca de cómo afecta la depresión a los adolescentes, enviaron a Tam a terapia y aplicaron estrategias para educarla juntas.

La compasión es un elemento vital para el éxito de las familias reconstituidas. Si no hay compasión, ofenderse es demasiado fácil. Desarrollar compasión ayuda a forjar relaciones sin juicios.

Elogia antes de criticar

A nadie le gusta oír lo mal que está haciendo algo. Si tenemos que criticar algo, incluir un elogio antes ayuda a suavizar el impacto.

Ejemplos de elogiar para criticar

- «Max es muy inteligente. Estoy segura de que si lo dejaras hacer más cosas solo, se las arreglaría muy bien».
- «Es asombroso lo bien que pudiste gestionar la depresión de Tam. Creo que ir a un terapeuta familiar juntas, en familia, podría ser otro paso en la dirección adecuada».
- «Me encanta la relación que tienes con tu hijo, Steve. Creo que, si le hablamos de su conducta con afecto y serenidad, se mostrará dispuesto a intentar portarse mejor».
- «A Tabbi le gusta saber qué tiene por delante. Quizá, si le explicamos qué pasará a continuación o qué puede esperar, le sería más fácil controlar la ansiedad».

Tratar a los hijastros como a nuestros hijos biológicos

Nuestra pareja y sus hijos eran una familia antes de que nosotros entráramos en escena y es imposible que los cambios sucedan de la noche a la mañana. Establecer relaciones con los niños exige tiempo. Normalmente, no forjamos el vínculo de apego cuando el niño es aún un bebé, porque acostumbramos a conocerlo cuando ya es más grande. Sin embargo, aún podemos forjar un apego seguro si recordamos que estamos entrando más tarde, reconocemos cómo demuestra el niño su afecto y somos pacientes en el proceso de conocerlo. Lo mejor es avanzar pasito a pasito en la dirección adecuada. A continuación, encontrarás algunos de estos pasitos.

Evita descargar la frustración en los niños

Si, como pareja, tenemos dificultades para encontrar un ritmo de coparentalidad saludable, es importante que no descarguemos la frustración resultante en nuestros hijos. Al fin y al cabo, los niños no pidieron la situación y apenas tienen control sobre la mayoría de lo que decidimos los adultos. Por lo tanto, en esta situación, somos nosotros quienes debemos ser responsables de nuestros actos. Tampoco hace falta ser perfecto, así que si nos equivocamos y decimos algo que no deberíamos o hacemos algo de lo que no nos sentimos orgullosos, podemos pedir perdón. Los niños respetarán que asumamos la responsabilidad que nos corresponde porque, de este modo, les demostramos que no somos infalibles y, al mismo tiempo, también les enseñamos a hacerse responsables de sus actos.

Evita las diferencias de trato evidentes

Kyle se pasaba la vida en su despacho, pero cuando sus dos hijos venían de visita en fines de semana alternos, jugaba con ellos a baloncesto, los llevaba a restaurantes y conversaban todos juntos. Los dos hijos de Lisa veían que, por el contrario, a ellos no les hacía ni caso.

Cuando compartimos un hogar con varias personas, es fundamental que nos relacionemos con todas, porque si ignoramos a algunas de ellas, no solo les hacemos daño, sino que nos complicamos la tarea de crear relaciones positivas. Aunque los niños tengan el apoyo de la madre o el padre biológico que no vive con ellos, es vital que establezcan una relación positiva con sus padrastros o madrastras. El abandono es perjudicial, y es imposible que alguien reciba más amor del que necesita.

Evita delegar toda la crianza en la pareja

Criar a los hijos es una obligación, como el resto de las tareas de casa. Cuando decidimos ser pareja de alguien que tiene hijos, es muy probable que exista el acuerdo tácito de que nuestras familias se unirán. Por lo tanto, los niños se convierten en una responsabilidad colectiva, incluso en casos de custodia compartida con el otro progenitor biológico. No es saludable ver a los niños como «tuyos» y «suyos».

Qué hacer si lo intentamos todo y los niños se cierran

A veces son los niños, no el adulto, quienes ponen las cosas difíciles a pesar de los esfuerzos de la nueva pareja de su padre o de su madre. A los niños les puede costar aceptar a una persona nueva en sus vidas. Aunque es posible que carezcan de las palabras para expresarlo, quizá quieran asegurarse de que esa nueva persona es de fiar y los quiere de verdad. Por eso es tan importante la constancia. Si el adulto se rinde demasiado pronto, los niños creerán que el intento de conectar no había sido sincero.

Si no conseguimos conectar con el hijo de nuestra pareja a pesar de haberlo intentado, quizá tengamos que acudir a un terapeuta familiar para trabajar las dificultades del niño para aceptarnos.

Tratar con exparejas difíciles

A veces, el ex de nuestra pareja o el nuestro dificulta la coparentalidad, incluso aunque solo uno de nosotros tenga hijos. Por ejemplo, nuestra pareja actual puede acabar harta de nuestro ex, que se entromete en el día a día del hogar.

Si tienes una expareja difícil, prueba lo siguiente:

- Valida las emociones de tu pareja y no justifiques a tu ex. A veces, la conducta del otro es problemática porque está dolido, pero eso no significa que tenga derecho a complicarnos la vida. Esta sería una forma de validar las emociones de tu pareja: «Entiendo que estés frustrado», o «eso no estuvo bien, y entiendo que no lo quieras ver más».

- No hagas comentarios pasivo-agresivos acerca del progenitor problemático delante de los niños. Mantengan un frente unido, aunque tu ex, o el de tu pareja, hable de ustedes. Es crucial que no se desahoguen delante de los niños.
- Comunica con claridad a tu expareja que te quieres llevar bien con él o ella por el bien de los niños. Enójate, pero no seas rencoroso. Quizá quieras vengarte de tu ex, pero solo conseguirías empeorar las cosas.
- Si tu ex es realmente problemático, quizá la mejor manera de comunicarse y de planificar las cosas sea con la ayuda de un mediador o abogado.
- Intenta desarrollar compasión hacia tu ex, porque tendrás que relacionarte con él o ella para siempre. Cuando sus hijos sean adultos, es muy probable que tengan que compartir espacio en las celebraciones, y como abuelos. Comienza a hacer las paces, al menos mentalmente, lo antes posible, porque no lo puedes eliminar de tu vida.

Lealtad

Aunque no está bien ni es justo, hay padres y madres que siguen obligando a sus hijos a tomar partido. Y hay veces en que estos lo hacen sin que nadie les haya dicho nada, porque no entienden toda la situación. Los adultos deberían animar a los niños a mantener relaciones sanas con todos los implicados y a no portarse mal ni ser crueles con las nuevas parejas de sus ex.

Por ejemplo, el padre de Joshua siempre le dejó muy claro que su madre había sido infiel y había abandonado a la familia. Cuando Joshua la visitaba, tenía problemas de conducta, porque creía que había roto a la familia y estaba enojado con ella.

Los adultos hacen cosas que los niños no pueden entender, y tampoco es positivo para ellos saberlo todo. Lo mejor es que los padres se centren en ayudar a los niños a procesar lo que sienten acerca del fin de la relación de la pareja y del tipo de familia que tendrán ahora que sus padres ya no vivirán juntos.

La terapia individual y la terapia familiar son excelentes herramientas para ayudar al niño a procesar el divorcio de sus padres o a gestionar la necesidad de mantenerse leal a uno o al otro. Por otro lado, todos los adultos implicados deben evitar tomarse la conducta del niño como algo personal. Por el contrario, deben entenderla como una manera poco habilidosa del niño de afrontar una situación que le resulta difícil.

Falta de implicación (económica o física)

Si el nuevo adulto en la vida del niño hace más por él (preparar la comida, pagar gastos cotidianos, ayudarle con la tarea, etc.) que el progenitor biológico que no vive en casa, es posible que sienta que sus esfuerzos no se valoran o que el ex acabe resentido.

Por ejemplo, Bethany trataba a Haley, la hija de su esposo, como si fuera suya, y una de las razones por las que se enamoró de él fue el amor que le demostraba a su hija. Era un padre fantástico y tenía la custodia total. La madre biológica de Haley no asistía a los partidos de la niña y casi nunca cumplía con el compromiso de llevársela todo el verano, algunos días festivos y los fines de semana alternos. Muchas veces, Bethany sentía que nadie valoraba de verdad todo lo que hacía por Haley. Se sentía triste por la niña y se enojaba porque la ex de su esposo se negaba a estar a la altura.

Los niños no pueden controlar lo que sus padres hacen o dejan de hacer. Así que cuidado, no actúes sin querer de un modo pasivo-agresivo con ellos debido a la frustración que te produce la falta de implicación de la expareja. Si el niño no valora tus esfuerzos ahora, es muy probable que lo haga más adelante, cuando sea más maduro.

La terapia familiar puede facilitar esta transición en la que nos convertimos en una familia reconstituida. Debemos tener claro cómo queremos gestionar las dificultades que surjan. A menudo, la gente hace caso omiso de los problemas, pero así solo consigue empeorar las cosas.

Esta sería una forma de hablar del problema:

Al niño: «Sé que quieres a tu madre y que, quizá, te parezca que quererme a mí es una traición hacia ella. Yo te quiero igualmente y quiero que sepas que puedes querer a más de una persona».

A nuestra pareja: «Mis hijos se dan cuenta de que no los tratas como a los tuyos. Hablemos de cómo tratar a todos. Sé que las cosas no estarán equilibradas al cien por cien, pero sí que pueden estar menos sesgadas que ahora».

He trabajado con muchas familias que se fusionaron con éxito. En estos casos, los padres se habían propuesto intencionadamente forjar relaciones sanas y estaban abiertos a aceptar la incomodidad de las múltiples emociones expresadas por todos los implicados.

EJERCICIO

Busca un cuaderno o un papel y responde a las siguientes preguntas:

- ¿A qué dificultades te enfrentas en tu familia reconstituida?
- ¿Cómo gestionas el conflicto en la relación de coparentalidad?
- ¿Qué aceptarás de la dinámica familiar?

CAPÍTULO 17

El comienzo de un nuevo capítulo

Los problemas familiares son tabú. Por lo general, nos avergonzamos de ellos, así que los mantenemos en secreto y hacemos como que no vemos la disfunción en nuestra familia.

Personalmente, hallé consuelo conversando con amigos que son transparentes respecto a las complejidades de sus relaciones con hermanos, padres y más allá. Por desgracia, no es muy habitual encontrar a personas lo bastante valientes como para tolerar la vulnerabilidad en que las coloca ser sinceras.

Antes de terminar la educación primaria, empecé a buscar a personas valientes y capaces de decir: «Mis padres se drogan», «Hace años que no veo a mi padre», o «Mi madre sale con un idiota». Los niños pueden ser muy sinceros cuando encuentran a alguien dispuesto a escucharlos. Me encanta hablar y me encanta escuchar, porque ambas cosas son sanadoras.

En las redes sociales vi a muchas personas intentar fingir que todo es perfecto con la esperanza de que algún día se haga realidad. Por ejemplo, parece que el Día de la Madre provoca un alud de imágenes de relaciones que son de todo menos auténticas. A veces veo publicaciones larguísimas con imágenes que describen la relación «perfecta» que alguien mantiene con su madre. Quiero que estas personas sepan que no está bien publicar mensajes falsos «desde el corazón» solo porque ven que otros lo hacen. Ver las experiencias supuestamente «ideales» de los demás puede ser duro, pero mentirnos a nosotros mismos y a quienes nos rodean acaba siendo mucho más duro a largo plazo.

La falta de autenticidad se convierte en un gran problema cuando sentimos que tenemos que comprar una postal para un familiar con quien mantenemos una relación disfuncional. Piénsalo bien: estás intentando volver a conectar con tu hermana, pero las postales no acaban de plasmar los altibajos de su relación. No estoy promoviendo sacar al mercado tarjetas para familias disfuncionales, tan solo digo que no reconocer la complejidad de las relaciones puede ser muy doloroso cuando buscamos tarjetas en la tienda u *online*. Nadie habla de lo difícil que es encontrar una tarjeta para un padre o una madre con quien mantenemos una relación disfuncional. Las tarjetas de felicitación suelen estar dirigidas a relaciones sanas, y que nos recuerden lo que no tenemos puede ser muy triste. Pero no pasa nada si no encontramos la tarjeta perfecta para nuestra situación.

Cuando empecé a hablar abiertamente en las redes sociales acerca de las familias disfuncionales, me sorprendí al ver cuánta gente conectaba con el contenido. Muchas de mis publicaciones comienzan con un «Cuando procedes de una familia disfuncional...». Se trata de narrativas personales acerca de cómo coexistir, aceptar y comportarnos. Hay personas valientes que dieron «*like*», guardaron o compartieron estas publicaciones. Muchas personas me enviaron mensajes acerca de cómo mis palabras las ayudaron a cambiar cosas que ni siquiera sabían que necesitaban cambiar. Una vez, una seguidora me envió un mensaje para explicarme que compartía mis publicaciones con su madre y que, a partir de ahí, habían podido mantener conversaciones que habían mejorado su relación. Por supuesto, no todo fue un camino de rosas. También tuve que eliminar comentarios de personas que criticaban a otras por haberse alejado de relaciones disfuncionales o por reconocer que mantenían relaciones disfuncionales.

A veces, las personas que no saben qué es vivir en una familia disfuncional tienen dificultades para entender las decisiones de los demás. Cuando alguien carece de un marco de referencia, intentar convencerlo para que nos entienda equivale a renunciar a nuestro poder. Permitámosles tener su historia mientras nosotros conservamos la nuestra. No siempre es posible, ni necesario, convertir a los demás, y a veces puede ser liberador renunciar a llegar a un consenso. El modo en que decidas relacionarte con tu familia puede ser distinto del elegido por otros para hacerlo con las suyas. Y no hay ninguna manera mejor o peor que las demás. Basta con aceptar que son distintas.

La vergüenza nos mantiene en silencio. Necesitamos más personas que hablen alto y claro de sus familias, porque es una manera de promover las relaciones conscientes. Alguien me dijo una vez: «Nadie sabe que mi madre es alcohólica, me da mucha vergüenza contarlo». Esta persona se sentía desconectada de las relaciones que mantenía porque, como les mostraba una versión ficticia de parte de su vida, los demás desconocían un dato muy importante.

Dios los cría y ellos se juntan. Demostrar una sinceridad deliberada nos llevará a conocer a gente como nosotros.

Cuando procedemos de una familia disfuncional, optar por alejarnos del drama puede significar que nos perderemos acontecimientos familiares. Es muy probable que hayamos aprendido que las celebraciones siempre acaban igual y no queramos estar presentes. Siempre habrá alguien de la familia que no entienda que prefiramos la paz al caos. Se acostumbraron al caos y no son conscientes de que es posible decir que no al drama.

Formar parte del drama y del caos es una decisión consciente. Tenemos que aprender a decidir qué es lo mejor para nosotros cuando las situaciones no mejoran. Sin embargo, la práctica es la única manera de sentirnos cómodos tomando estas decisiones tan difíciles.

Formar parte del drama y del caos es una decisión consciente.

La siguiente publicación de Instagram es lo que le quise decir a un miembro de mi familia que había encontrado la manera de excusar su comportamiento y había menospreciado mi esfuerzo para romper con el ciclo de disfunción en la familia. Al final no se lo dije, porque ya se lo había dicho demasiadas veces antes.

REPITE CONMIGO

«Ya no soy una niña en un hogar disfuncional. Soy una adulta capaz de tomar decisiones saludables, poner límites y vivir la vida que decido crear. Que no me hayan enseñado algo no es motivo para seguir sin saberlo. No volveré a usar la excusa de que "mis padres no me enseñaron a ___" como motivo para no esforzarme en ser mejor. Puedo aprender leyendo, mostrándome abierta a aprender, demostrando curiosidad y conectando con personas sanas. Puedo encontrar apoyo en mentores, modelos de conducta, personas mayores o profesionales de la salud mental. Puedo aprender cosas que nadie me enseñó: cómo estar en relaciones sanas, cómo sentir, cómo cuidar de mí misma, cómo ser asertiva y cómo afrontar los problemas de una manera saludable».

Cambiar no es fácil, pero es posible. Hace al menos diez años escribí en mi diario una lista de los patrones generacionales que quería romper. La gente sigue igual cuando no decide activamente hacer algo distinto. Esperar que las cosas cambien no es algo que podamos hacer realidad. El cambio surge de la adopción de nuevos hábitos y de nuevas tradiciones mientras construimos un sistema de apoyo saludable.

No hay dos situaciones iguales y no hay una misma solución válida para todos. Habrá casos en los que decidas poner fin a una relación, mientras que en otros quizá optes por mantenerla, pero estableciendo límites saludables. Tu viaje es tuyo, no mío, ni de tu pareja, ni de tu terapeuta, ni de nadie más. Eres tú quien debe sentirse cómodo con las decisiones que tomes, y algunas serán más difíciles que otras.

Vuelve al libro siempre que lo necesites y, créeme, lo necesitarás varias veces para recordar que debes crear relaciones que favorezcan tu salud mental. Sé el cambio que deseas ver en tu familia. Cambiar tú es lo único que puedes hacer. Cambiar los esquemas, redefinir las expectativas, establecer límites, seleccionar tu comunidad y cuidar de ti te liberará de lo que no puedes controlar.

Sé el cambio que deseas ver en tu familia.

PREGUNTAS FRECUENTES

Si mantengo la relación con mi madre a pesar de que no ha cambiado, ¿me convierto en cómplice de su resistencia al cambio?

La relación paternofilial es especial y muchas personas mantienen la relación con sus progenitores incluso cuando estos no cambian. Esto no es ser cómplice, sino tener la esperanza de que la situación cambie algún día.

La complicidad tiene que ver con cómo te comportas tú en la relación. ¿La apoyas cuando se hace daño a sí misma o a los demás? ¿Ignoras o minimizas conductas que habría que abordar? Si no es así, lo único que haces es mantener una relación con alguien que desearías que se comportara de otra manera.

Reflexiona: No tienes por qué poner fin a ninguna relación. Es una opción que puedes decidir no aplicar en el caso de tu madre, y no pasa nada.

Mi padre tiene ochenta años y es alcohólico. Estoy muy enojada con él. ¿Se lo puedo decir?

Sí, le puedes explicar cómo te hace sentir su alcoholismo y cómo afectó a tu vida. Si llevas tiempo reprimiendo la ira, es posible que desahogarte te resulte liberador. Sin embargo, si tienes la esperanza de que hablar con él cambie las cosas, asegúrate de que se lo dejas claro y recuerda que dejar de beber es una decisión que solo puede tomar él. Quizá no lo vea factible.

Alcohólicos Anónimos celebra reuniones por todo el mundo y es una organización en la que puedes encontrar el apoyo de otros adultos hijos de alcohólicos. Parte del proceso consistirá en aprender a criar mejor a tus hijos. Puedes buscar ayuda en estos grupos o trabajar de forma individual con un terapeuta.

Reflexiona: Cuida de ti cuidando de tu salud mental.

Hijos adultos de alcohólicos: https://www.acaspain.org

Alcohólicos Anónimos: https://al-anon.org/es/

Mi padre me maltrató (verbal, mental y físicamente) cuando era niña. Justifica sus acciones y cree que fueron adecuadas. Ahora quiere tener relación con mis hijos. ¿Cómo los protejo de lo que viví? Ahora mismo, apenas los ve.

Es difícil determinar cómo estar en una relación con alguien que no ha cambiado. Además, cuando intenta justificar el maltrato que perpetró, la seguridad es una preocupación muy válida. No te sentías segura y, ahora, no sabes si tus hijos estarán seguros o no. Como su madre, te corresponde a ti protegerlos siempre que puedas.

Reflexiona: Tu experiencia con tu padre te llevó a decidir mantenerlo a distancia, lo cual parece la opción más segura en estos momentos.

Mi madre tiene problemas de salud mental y necesita ayuda. ¿Cómo puedo conseguir que vaya a terapia?

Ver sufrir a un ser querido sabiendo que mejoraría si fuera a terapia puede ser muy duro. Sin embargo, no podemos convencer a nadie de que lo haga si no quiere. Además, es probable que tu madre no obtenga lo que necesita del proceso si acudiera obligada.

Seamos sinceros: la vulnerabilidad que requiere la terapia es complicada incluso para las personas que van por decisión propia.

No podemos hacer que otro esté preparado para cambiar solo porque nosotros estamos preparados para que cambie.

Reflexiona: Teniendo en cuenta su conducta actual, ¿qué tipo de relación puedes mantener con ella a pesar de sus problemas de salud mental?

Mi suegra y mi cuñada son unas hipócritas. ¿Me tengo que relacionar con ellas si no quiero?

Puedes mantener una relación cordial sin necesidad de que sea muy estrecha. Controla lo que puedas controlar. Por ejemplo, no hace falta que las llames para hablar de temas que no sean importantes, y tampoco tienes la obligación de invitarlas a eventos privados, como tu fiesta de cumpleaños.

Reflexiona: ¿Quieres mantener relaciones caracterizadas por la hipocresía?

¿Cómo gestiono que mi pareja quiera cortar la relación con sus hermanos y con el resto de su familia?

Apoya a tu pareja preguntándole qué necesita y escuchándola cuando te quiera explicar cómo se siente acerca del distanciamiento. La historia de cada persona con su familia es muy larga y es posible que, desde tu postura, no lo puedas entender todo.

Es posible que tu pareja quiera cortar la relación con su familia incluso aunque algunos de sus miembros hayan cambiado. Puedes darle tu apoyo, aunque tome una decisión distinta a la que hubieras tomado tú. A veces, tenemos que respetar la opción del otro sin entender todos los motivos que lo llevaron a ello.

Reflexiona: ¿Cómo afecta ese cambio en la dinámica familiar a la relación entre tu pareja y tú?

La hija de mi pareja es una mentirosa. Mi pareja no la castiga cuando miente, así que siempre acabamos discutiendo. ¿Cómo nos podemos poner de acuerdo respecto a la disciplina?

Los dos tienen trabajo que hacer. Por un lado, tú debes forjar una relación más empática con la niña, mientras que tu pareja debe abordar su falta de honestidad. Es importante saber por qué la niña decide mentir (es decir, qué consigue con esa conducta) y es fundamental que le demuestres que la quieres pase lo que pase. Hay muchas personas que mienten, no solo lo hacen los niños. Hay quien normaliza la mentira como una manera de protegerse de las consecuencias. En muchos hogares, los padres están en desacuerdo acerca de qué es adecuado y qué no en términos de disciplina. Actúa desde el amor y la compasión y deja la disciplina a tu pareja hasta que hayas forjado una relación más sana con la niña.

Reflexiona: La niña intenta comunicar algo con su conducta. ¿Qué les quiere comunicar?

¿Cómo puedo gestionar que mi padre desapruebe mi estilo de vida?

Aunque sería fantástico que tu padre aprobara todas tus decisiones, es muy poco probable que así sea. Seguramente, tu padre te dirá que lo que quiere es que seas feliz. Quizá parte de tu felicidad consista en decidir hacer algo que él no aprueba. Quizá te iría bien hablar con él acerca de cómo puede respetar tus decisiones, aunque no las apruebe.

Reflexiona: Eres una persona adulta y puedes tomar tus propias decisiones.

Mi madre me envía demasiados mensajes de texto, y nuestra relación está al límite. ¿Cómo se lo puedo decir?

¿Tu madre sabe lo que sientes sobre su relación? ¿Le has pedido que no te envíe tantos mensajes? ¿Le respondes? Si lo haces, quizá le estés dando la impresión de que estás más implicada en la relación de lo que quieres estar en realidad. O quizá ya manifiestas con tu conducta que no quieres mantener una relación demasiado estrecha con ella y ella ignora tus señales. Un pequeño paso en la dirección adecuada podría ser pedirle que no te envíe tantos mensajes, porque te agobian. Quizá ese primer paso pueda dar lugar a una conversación aclaratoria, pero incluso si no es así, al menos le habrás comunicado lo que necesitas de ella.

Reflexiona: Está creando el tipo de relación que quiere contigo, pero tú quieres algo distinto.

AGRADECIMIENTOS

Miles de personas le han dado al «me gusta» a mis publicaciones sociales y me han enviado mensajes privados y correos electrónicos en los que me explican que lo que digo acerca de las familias disfuncionales las ayudó a sentirse reconocidas y menos solas en un mundo que clama por familias ideales estereotípicas. Allá donde miremos (televisión, revistas, redes sociales...), vemos un alud de familias perfectas. Cuando venimos de una familia disfuncional, es fácil creer que estamos solos. Pero no lo estamos. Desde el reconfortante apoyo de las relaciones sanas que mantengo con mis amigos y con algunos de mis familiares, pude empezar a compartir con sinceridad lo que pensaba de las relaciones disfuncionales con algunos miembros de la familia. A todos los que conocen mi trabajo, muchas gracias por haber tenido la valentía de seguir leyendo y espero haberlos conmovido lo suficiente para que apliquen lo que consideren útil del libro.

A mi esposo: nuestras vidas cambiaron muchísimo desde que mi trabajo se volvió popular e hiciste ajustes deliberados para dejarnos espacio a mí y a mi ambición. Gracias por motivarme a ser más valiente en mis empresas y por haber crecido conmigo. A mis hijas: espero que los ciclos que rompí en mi familia ejerzan un impacto profundo en lo que puedan conseguir en la vida. Convertirme en madre y querer algo mejor para todos nosotros, y no solo para mí, fue mi mayor inspiración para romper ciclos. A mis padres: gracias por ser mi promoción de calle; cuando la gente los ve, oyen hablar de mí. Hay personas a las que no conoceré nunca, pero que saben cómo me llamo y están orgullosas de mí por el entusiasmo con el que les hablan de mi trabajo.

A mi familia elegida (amigos): nuestro tiempo juntos me salvó de maneras que no supe que necesitaba hasta que lo tuve. Mis amigas más íntimas son como mis hermanas; lo sé porque juntas cultivamos algo profundo y auténtico. Estoy convencida de que creamos lo que necesitamos, y Darnell, mi tío sustituto y vecino desde hace mucho tiempo, siempre me trató como a una sobrina y me ayudó en todo, desde enseñarme a conducir, a motivarme y acompañarme en todas las fases que me llevaron a la edad adulta.

Laura Lee Mattingly (mi agente): estuvimos muy ocupadas desde *Cuestión de límites* y las ideas siguen sin agotarse. Me ayudaste a reflexionar y a desarrollar algunas de mis mejores obras. Agradezco sinceramente tu conocimiento del sector. Marian Lizzi, mi editora: trabajar contigo es facilísimo y tus correcciones son siempre amables y consideradas. Confiaste en mi voz de experta y me enseñaste la importancia de hablar directamente desde mi experiencia profesional. Gracias al equipo de Marian: Jess Morphew (directora artística) y Natasha Soto (asistente editorial) por haberme guiado durante todo el proceso. Al equipo de Penguin Random House: Roshe Anderson, Marlena Brown, Sara Johnson, Lindsay Gordon y Carla Iannone; fueron fundamentales en la promoción y el apoyo a mis proyectos literarios. Britney Irving: leíste el primer borrador del libro y tus comentarios fueron excelentes. Gracias por haber mantenido mi agenda ordenada y con límites, y por tus aportaciones de incalculable valor. Gracias, Shaunsie Reed, por ayudarme a consolidar mi trabajo desde el primer día. Llegaste cuando casi no teníamos nada que hacer. Ahora no damos abasto.

Escribir este libro fue un ejercicio para asumir mi propia responsabilidad. La terapia fue un desahogo útil desde hace años y sigue siendo una enorme fuente de autocuidados para mí. Mi terapeuta me preguntó: «¿Y por qué mantienes una relación con esta persona?». Yo también tuve que admitir que no estaba dispuesta a irme o a cambiar mi papel en dinámicas familiares disfuncionales. Gracias a mi terapeuta, quien esperó pacientemente junto a mí durante mis esfuerzos para hacer cambios tan necesarios como difíciles.

BIBLIOGRAFÍA RECOMENDADA

Introducción

Holt-Lubdstand, J., Smith, T. B. y Layton, J. B., «Social Relationships and Mortality Risk: A Meta-analytic Review», *PLoS Medicine*, 27 de julio de 2010, <https://journals.plos.org/plosmedicine/article?id=10.1371/journal.pmed.1000316>.

Weir, K., «Life-saving Relationships», *Monitor on Psychology*, 49(3), marzo de 2018, <https://www.apa.org/monitor/2018/03/life-saving-relationships>.

Capítulo 1. Qué es la disfunción

Clements, R. y Musker, J. (directores), *La sirenita*, edición de platino, con dos discos, Walt Disney Home Entertainment, Burbank, CA, 2006.

Collins, S. D. B., «From Homeless Teen to Chronically Homeless Adult: A Qualitative Study of the Impact of Childhood Events on Adult Homelessness», <https://ojs.uwindsor.ca/index.php/csw/article/download/5882/4872?inline=1>.

Ewing, H. y Grady, R., (directoras), *The Boys of Baraka*, Think Film, Loki Films e Independent Television Service, Nueva York, 2005.

Harrison, T. F. y Connery, H. S., *The Complete Family Guide to Addiction: Everything You Need to Know Now to Help Your Loved One and Yourself*, Guilford Press, Nueva York, 2019.

John, O. P. y Gross, J. J., «Healthy and Unhealthy Emotion Regulation: Personality Processes, Individual Differences, and Life Span Development», *Journal of Personality*, 72(6), diciembre de 2004, pp. 1301-1334, <https://doi.org/10.1111/j.467-6494.2004.00298>, PMID: 15509284.

Married... with Children, Columbia TriStar Home Entertainment, Culver City, CA, 1987-1997 (trad. cast.: *Matrimonio con hijos*).

McLaughlin, K., «The Long Shadow of Adverse Childhood Experiences», *Psychological Science Agenda*, abril de 2017, <https://www.apa.org/science/about/psa/2017/04/adverse-childhood>.

Perry, B. D. y Winfrey, O., *What Happened to You?: Conversations on Trauma, Resilience, and Healing*, Flatiron Books, Nueva York, 2021 (trad. cast. *¿Qué te pasó? Trauma, resiliencia y curación*, Zenith, Barcelona, 2023).

Radcliff, E., Crouch, E., Strompolis, M. y Srivastav, A., «Homelessness in Childhood and Adverse Childhood Experiences (ACEs)», *Maternal and Child Health Journal*, 23, 2019, pp. 811-820, <https://doi.org/10.1007/s10995-018-02698-w>.

Van der Kolk, B., *The Body Keeps the Score: Brain, Mind, and Body in the Healing of Trauma*, Viking Press, Nueva York, 2014 (trad. cast. *El cuerpo lleva la cuenta*, Eleftheria, Sitges, 2020).

Winfrey, O., «*The Oprah Winfrey Show*», Harpo Productions y Paramount Pictures, Hollywood, CA, 1986-2011.

Yale Medicine, «Parental Depression: How It Affects a Child», <https://www.yalemedicine.org/conditions/how-parental-depression-affects-child>.

Capítulo 2. Traspaso de límites, codependencia y aglutinamiento

Campbell, S., *But It's Your Family: Cutting Ties with Toxic Family Members and Loving Yourself in the Aftermath*, Morgan James Publishing, Nueva York, 2019.

Capítulo 3. Adicción, abandono y maltrato

Black, C., «It Will Never Happen to Me!», *Children of Alcoholics–as Youngsters, Adolescents, Adults*, Ballantine Books, Nueva York, 1987.

Boston University Medical Center, «Child/Teen Sexual and Physical Abuse Linked to Fibroids in Premenopausal Women», *ScienceDaily*, 17 de diciembre de 2010, <https://www.sciencedaily.com/releases/2010/11/101115111011.htm>.

Boynton-Jarrett, R., Rich-Edwards, J. W., Jun, H.-J., Hibert, E. N. y Wright, R. J., «Abuse in Childhood and Risk of Uterine Leiomyoma: The Role of Emotional Support in Biologic Resilience», *Epidemiology*, 22(1), enero de 2011, <https://doi.org/10.1097/EDE.0b013e3181ffbl72>.

Canadian Association for Neuroscience, «Addiction as a Disorder of Decision-Making», *ScienceDaily*, 22 de mayo de 2013, último acceso 15 de junio de 2022, <https://www.sciencedaily.com/releases/2013/05/130522095809.htm>.

Christakis, E., «The Dangers of Distracted Parenting», *The Atlantic*, julio-agosto de 2018, <https://www.theatlantic.com/magazine/archive/2018/07/the-dangers-of-distracted-parenting/561752>.

Dinneen, A., *Notes from Your Therapist*, Harvest, Irvine, CA, 2020.

Eger, E. E., con E. Schwall Weigand y prólogo de P. Zimbardo, *The Choice: Embrace the Possible*, Scribner, Nueva York, 2017.

Green, K. E., *Relationships in Recovery: Repairing Damage and Building Healthy Connections While Overcoming Addiction*, Guilford Press, Nueva York, 2021.

Imperial College London, «Gambling Addiction Triggers the Same Brain Areas as Drug and Alcohol Cravings: Gambling Addiction Activates the Same Brain Pathways as Drug and Alcohol Cravings, Suggests New Research», *ScienceDaily*, 3 de enero de 2017, último acceso 15 de junio de 2022, <https://www.sciencedaily.com/releases/2017/01/170103101751.htm>.

Luthar, S. S. y Latendresse, S. J., «Children of the Affluent: Challenges to Well-Being», *Current Directions in Psychological Science*, 14(1), febrero de 2005, pp. 49-53, <https://doi.org/10.1111/j.0963-7214.2005.00333.x>.

University at Buffalo Research Institute on Addictions, «RIA Reaching Others: Does Drinking Affect Marriage?», otoño de 2014, <https://

www.buffalo.edu/content/dam/www/ria/PDFs/ES12-MarriageandDrinking.pdf>.

University of Manchester, «Child Abuse Linked to Risk of Suicide in Later Life», *ScienceDaily*, 9 de enero de 2019, <https://www.sciencedaily.com/releases/2019/01/190109192533.htm>.

University of North Carolina at Chapel Hill, «Severe PMS Linked with Physical, Sexual Abuse in Childhood», *ScienceDaily*, 13 de noviembre de 1998, último acceso 14 de junio de 2022, <https://www.sciencedaily.com/releases/1998/11/981113082005.htm>.

Wiley-Blackwell, «Abuse in Childhood Linked to Migraine and Other Pain Disorders», *ScienceDaily*, 6 de enero de 2010, último acceso 15 de junio de 2022, <https://www.sciencedaily.com/releases/2010/01/100106003608.htm>.

Capítulo 4. Repetir el ciclo

George Mason University, «Grandfamilies: New Study Uncovers Common Themes and Challenges in Kinship Care», *ScienceDaily*, 5 de mayo de 2020, último acceso 15 de junio de 2022, <https://www.sciencedaily.com/releases/2020/05/200505164629.htm>.

Georgia State University, «Solo Grandparents Raising Grandchildren at Greater Risk Than Parents for Serious Health Problems», *ScienceDaily*, 14 de septiembre de 2015, <https://www.sciencedaily.com/releases/2015/09/150914152912.htm>.

Hendrix, H., *Getting the Love You Want: A Guide for Couples*, Perennial Library, Nueva York, 2007.

University of Missouri-Columbia, «Emotional Disconnection Disorder Threatens Marriages, Researcher Says», *ScienceDaily*, 12 de noviembre de 2012, <https://www.sciencedaily.com/releases/2012/11/121112171321.htm>.

University of Oxford, «Grandma and Grandpa Are Good for Children», *ScienceDaily*, 7 de junio de 2008, último acceso 15 de junio de 2022, <https://www.sciencedaily.com/releases/2008/06/080605091358.htm>.

Capítulo 5. El trauma transgeneracional

American Addiction Centers, «Depression & Substance Abuse», 2022, <https://americanaddictioncenters.org/treating-depression-substance-abuse>.

—, «Post-Traumatic Stress Disorder (PTSD) & Addiction: Signs, Symptoms & Treatment», 2002, <https://americanaddictioncenters.org/co-occurring-disorders/ptsd-addiction>.

American Psychiatric Association, *Diagnostic and Statistical Manual of Mental Disorders*, 5.ª ed., The American Psychiatric Association, Washington, DC, 2013 (trad. cast. *Manual diagnóstico y estadístico de los trastornos mentales*, 5.ª ed., Médica Panamericana, 2021).

DeGruy, J., *Post Traumatic Slave Syndrome: America's Legacy of Enduring Injury and Healing*, Uptone Press, Milwaukie, OR, 2005, cita directa en <https://en.wikipedia.org/wiki/Post_Traumatic_Slave_Syndrome>.

National Center on Substance Abuse and Child Welfare, «Child Welfare and Alcohol and Drug Use Statistics», <https://ncsacw.acf.hhs.gov/research/child-welfare-and-treatment-statistics.aspx>.

Yapko, M. D., *Depression Is Contagious: How the Most Common Mood Disorder Is Spreading Around the World and How to Stop It,* Atria Books, Nueva York, 2013 (trad. cast. *La depresión es contagiosa: elige bien tu entorno para mantener una vida emocional sana*, Urano, Barcelona, 2010).

Capítulo 8. Gestionar la relación cuando la otra parte no quiere cambiar

Kubrick, S. (director), *Cara de guerra*, Warner Bros., Burbank, CA, 1987.

University College London, «Fat Shaming' Doesn't Encourage Weight Loss», *ScienceDaily*, 10 de septiembre de 2014, último acceso 16 de junio de 2022, <https://www.sciencedaily.com/releases/2014/09/140910214151.htm>.

University of Michigan, «Shame on Us: Shaming Some Kids Makes Them More Aggressive», 19 de diciembre de 2008, <https://news.umich.edu/shame-on-us-shaming-some-kids-makes-them-more-aggressive>.

Vitug, J., *You Only Live Once: The Roadmap to Financial Wellness and a Purposeful Life*, Wiley, Hoboken, NJ, 2016.

Capítulo 9. Poner fin a la relación cuando la otra parte no quiere cambiar

Lowe, L., «Oprah Winfrey Opens Up About the Emotional Days Before Her Mother's Death», *Today*, 12 de diciembre de 2018, <https://www.today.com/parents/oprah-opens-about-her-mother-s-death-people-interview-t145038>.

Pillemer, K., *Fault Lines: Fractured Families and How to Mend Them*, Avery, Nueva York, 2020.

University of Michigan, «Step Back to Move Forward Emotionally, Study Suggests», *ScienceDaily*, 24 de septiembre de 2008, último acceso 15 de junio de 2022, <https://www.sciencedaily.com/releases/208/09/080923122006.htm>.

Walls, J., *The Glass Castle: A Memoir*, Scribner, Nueva York, 2006 (trad. cast. *El castillo de cristal*, Debolsillo, Barcelona, 2009).

Capítulo 11. Resolver las relaciones con los padres

Brooks, A. C., «The Key to a Good Parent-Child Relationship? Low Expectations», *The Atlantic*, 12 de mayo de 2022, <https://www.theatlantic.com/family/archive/2022/05parents-adult-children-lower-your-expectations/629830/>.

Cori, J. L., *The Emotionally Absent Mother: How to Recognize and Heal the Invisible Effects of Childhood Emotional Neglect*, Experiment, Nueva York, 2017.

Gibson, L. C., *Adult Children of Emotionally Immature Parents: How to Heal from Distant, Rejecting, or Self-Involved Parents*, Echo Point Books and Media, Brattleboro, VT, 2021.

McBride, K., *Will I Ever Be Good Enough?: Healing the Daughters of Narcissistic Mothers*, Free Press, Nueva York, 2009.

Society for Personality and Social Psychology, «Sometimes Expressing Anger Can Help a Relationship in the Long-Term», *ScienceDaily*, 2 de agosto de 2012, último acceso 14 de julio de 2022, <https://www.sciencedaily.com/releases/2012/08/120802133649.htm>.

Webb, J., con C. Musello, *Running on Empty: Overcome Your Childhood Emotional Neglect*, Morgan James, Nueva York, 2013.

Capítulo 12. Resolver las relaciones con los hermanos

Faber, A. y Mazlish, E., *Siblings Without Rivalry: How to Help Your Children Live Together So You Can Live Too*, Simon & Schuster, Nueva York, 1987.

Perry, P., *The Book You Wish Your Parents Had Read (and Your Children Will Be Glad That You Did)*, Penguin Life, Nueva York, 2020.

University of California, Berkeley, «Gossip Can Have Social and Psychological Benefits», *ScienceDaily*, 18 de enero de 2012, último acceso 13 de julio de 2022, <https://www.sciencedaily.com/releases/2012/01/120117145103.htm>.

Capítulo 13. Resolver las relaciones con los hijos

Coleman, J., *Rules of Estrangement: Why Adult Children Cut Ties and How to Heal the Conflict*, Sheldon Press, Londres, 2021.

—, *When Parents Hurt: Compassionate Strategies When You and Your Grown Child Don't Get Along*, HarperCollins, Nueva York, 2014.

Mason, P. T. y Kreger, R., *Stop Walking on Eggshells: Taking Your Life Back When Someone You Care About Has Borderline Personality Disorder*, New Harbinger, Oakland, CA, 2010.

Capítulo 16. Tratar con familias reconstituidas

Murray, S. H., «The Stepparent's Dilemma», *The Atlantic*, 19 de abril de 2022, <https://www.theatlantic.com/family/archive/2022/04/stepparenting-kids-advice-nacho-disengage/629600>.

ÍNDICE ONOMÁSTICO Y DE MATERIAS

De este libro me quedo con...

Sin dramas fue posible gracias al trabajo de su autora, Nedra Glover Tawwab, así como de la traductora Montserrat Asensio, la correctora Eva Robledillo, el diseñador José Ruiz-Zarco, el equipo de Realización Planeta, la directora editorial Marcela Serras, la editora ejecutiva Rocío Carmona, la editora Ana Marhuenda, y el equipo comercial, de comunicación y marketing de Diana.

En Diana hacemos libros que fomentan el autoconocimiento e inspiran a los lectores en su propósito de vida. Si esta lectura te gustó, te invitamos a que la recomiendes y que así, entre todos, contribuyamos a seguir expandiendo la conciencia.